Caspar Butz

Deutsch-amerikanische Monatshefte für Politik, Wissenschaft und Literatur

2. Jahrgang, 2. Band - Dezemberheft 1865

Caspar Butz

Deutsch-amerikanische Monatshefte für Politik, Wissenschaft und Literatur
2. Jahrgang, 2. Band - Dezemberheft 1865

ISBN/EAN: 9783744694636

Hergestellt in Europa, USA, Kanada, Australien, Japan

Cover: Foto ©Suzi / pixelio.de

Weitere Bücher finden Sie auf **www.hansebooks.com**

 Deutsch-Amerikanische

Monatshefte

für

Politik, Wissenschaft und Literatur,

unter Mitwirkung von

J. B. Stallo, Theodor Olshausen, Friedrich Kapp, Carl Göpp, Emil Preetorius,
Constantin Hering, R. Solger, A. E. Kröger, Adolf Douai, Carl Schurz,
Dr. H. Tiedemann, Franz Sigel, Carl Blind, Fr. Münch (Far West),
Carl Rümelin, Carl Knortz u. A.,

herausgegeben von

Caspar Butz.

Zweiter Jahrgang, zweiter Band. — December-Heft, 1865.

Agent für Deutschland: Bernhard Hermann in Leipzig.
Agenten für England: Trübner & Co., 60 Paternoster Row, London.

Chicago, Ill.,
Druck von G. Friedrich Groß, 38 und 40 Lasalle-Straße.

1865.

Preis $4.00 per Jahr, in vierteljährlicher Vorausbezahlung.

Inhalt.

	Seite.
Geschichte, Wesen und Literatur der Stenographie. Von Karl Knortz	481
Die Lebens-Erfahrungen John Godfrey's. Von Bayard Taylor	494
Deutsche Literatur der Gegenwart. Von Lina Bagt	528
Aus Thomas Moore's Gesängen. Uebersetzt von Gustav Fox	542
Reise- und Geschichtsbilder aus Irland	545
Weinlese in Missouri. Vom Herausgeber. (Schluß.)	566
Miscellen	569
An die Leser der Monatshefte	574

※※※※※

☞ Wichtig für Lehrer, Schüler und Eltern! ☜

The Intuitive, Arithmetical Guide,

ein Rechenbuch für Kinder von 5 — 10 Jahren, mit einem werthvollen Anhange für Lehrende, von **J. Troll**, Lehrer in Lebanon, Ill. ist vor Kurzem im Selbstverlage des Verfassers erschienen. Preis einzeln 35 Cts., für Wiederverläufer und zum Zwecke der Einführung in Schulen findet eine entsprech. Preisermäßigung statt.

Es sollte dieses, nach Pestalozzischen Grundsätzen bearbeitete Buch in keines Schülers Hand fehlen. Es ist nach allgemeinem Urtheil das beste, ja einzig gute Rechenbuch für Anfänger und Mittelklassen, das bis jetzt in Amerika erschienen: Es leitet den Schüler zum **Denken**, zur **Selbstthätigkeit** und zum **Selbstvertrauen**. „Zeit ist Geld," und dies Buch ist namentlich für solche Schulen sehr zeitsparend, wo der Lehrer zur selben Zeit mehrere Klassen zu unterrichten hat, indem es ohne Schwierigkeit auch von solchen Schülern zur Selbstbeschäftigung benutzt werden kann, die außer Ziffern, noch kaum andere Druckzeichen kennen. — Der Raum gestattet nicht, Urtheile von Kritikern anzuführen. — Man beliebe, Bestellungen recht bald einsenden zu wollen, um den Bedarf ermessen zu können. Probe-Exemplare werden gegen Einsendung von 30 Cents portofrei versandt.

Chas. Schleiffarth,

95 Markt-Straße, zwischen 3. und 4., ... St. Louis, Mo.,

Fabrikant und Importeur von

Bruchbändern zur radikalen Heilung,

Unterstützungs-Bandagen und Gradhalter,

Verfertiger von orthopädischen Apparaten für alle Arten von Verkrümmungen. — Alle Sorten Gummistrümpfe und sonstige Bandagen stets vorräthig.

Krücken von allen Größen. — Künstliche Arme und Beine.

Hoffheimer BROTHERS, Destillateure und Fabrikanten aller Arten einheimischer Weine, Liqueure, reinem Roggen- u. Bourbon-Whiskey, 20 Süd Zweite Str., St. Louis, Mo. — 32 u. 34 Zweite Str., Cincinnati, O.,

Wir haben stets ein großes Lager von unsern Cincinnati Waaren vorräthig, z. B.:

Port, Malaga, Sherry, Madeira, Muscat, Catawba und Ginger-Wein,

und verkaufen dieselben zu Cincinnati-Preisen, Fracht extra gerechnet. Zugleich erlauben wir uns auf unser ausgezeichnetes **Bavarian Bitters** aufmerksam zu machen.

Deutsch-Amerikanische Monatshefte

für

Politik, Wissenschaft und Literatur,

herausgegeben von

Caspar Butz.

Zweiter Band. —⁂1865.⁂— December-Heft.

Geschichte, Wesen und Literatur der Stenographie.

Nach den besten Quellen bearbeitet von

Karl Knortz.

—

III.

Nordamerika — Frankreich — Belgien — Spanien — Portugal — Holland — Schweden — Dänemark — Rußland, Polen — Griechenland u. s. w.

An unsere Besprechung der Phonographie bei den Engländern im Juniheft reiht sich dem Systeme nach Nordamerika an, wo die Stenographie aber bis jetzt noch erstaunlich wenig Anhänger zählt. Von jener großartigen Anwendung dieser Kunst in der Presse, wie zum Beispiel in England, wo jede verbreitete Zeitung gewöhnlich 12—18 Reporter beschäftigt, weiß man hier zu Lande nichts. Gute Stenographen sind Seltenheit; der schnellschreibendste ist Murphy, der mit einigen anderen die Verhandlungen des Senats nachschreibt und dafür einen enormen Gehalt bezieht. Sie arbeiten nach dem früher besprochenen Pitman'schen Systeme, das Graham von New-York mit einigen Aenderungen versehen hat und es für seine eigene Erfindung ausgiebt, weßwegen ihn B. Pitman in Cincinnati, der Bruder des berühmten Phonographen, vor einigen Jahren vor Gericht forderte. Dieser Andrew J. Graham hat auch einen großen Standard Phonographic Dictionary herausgegeben, das größte Werk was in dieser Wissenschaft überhaupt existirt. Dr. Zeibig, der dieses Opus nicht allein nach allen Dimensionen gemessen, sondern sogar auch gewogen hat, sagt, daß es über 9 Zoll hoch, 6½ Zoll breit, 2 Zoll stark sei, über drei Pfund wiege und daß es gegen

120,000 Wörter enthalte, wovon jedes wegen der verschiedenen Stufen der Phonographie 3—4 Mal wiederholt sei. *

Welche Begriffe die gemeinen Leute in Amerika von jener Kunst haben, zeigt uns ein Verhör des Mr. Aughey, einem Flüchtlinge aus Mississippi, vor einem Vigilanz-Comité der ehemaligen Rebellenstaaten. Nachdem man ihm allerlei Fragen, ob er glaube, daß Gott die Sclaverei eingesetzt habe und sofort, vorgelegt, kam man auch auf die Phonographie.

„Sie sind Kenner der Phonographie und sollen in ein Abolitionsblatt correspondiren?"

„Ich verstehe allerdings Phonographie und bin Mitarbeiter an einem phonographischen Blatte, dem jedoch alle Politik fernsteht."

„Was ist Phonographie?"

„Phonographie, Sir, ist ein System zu schreiben mittelst philosophisch aus den einfachsten geometrischen Zeichen zusammengestelltem Alphabete, in welchem ein Zug stets einen und denselben Laut darstellt."

„Können Sie Phonographie sprechen und welches Volk spricht sie?"

„Ja, Sir, ich unterhalte mich fließend in Phonographie, und die, welche diese Sprache sprechen, wohnen in Columbia."

„Im Distrikt?"

„Nein, Sir, im poetischen Columbia."

„Ist Phonographie etwas Abolitionistisches?"

„Nein, Sir, Phonographie in abstracto hat keine Beziehung zur Politik. Man kann sich ihrer bedienen, um die eine oder andere Seite dieser Frage zu be-

---

* Andere in Amerika erschienenen stenographischen Werke sind:

 Reyes & Baley, A practical exposition of phonography. New-York 1848.

 Benn Pitman, The phonographic manual. Cincinnati, Phonographic institute 1856.

   " The reporters companion.

   " The phonographic instructor.

 Andrew J. Graham, Handbook of Standard or American Phonography. In five parts. Phonetic Depot. 1858. New-York.

   " Phonographic Numerals. A system of rapid expression of numbers. (Graham gibt auch eine phonographische Zeitung heraus.)

 Lonley, American manual of phonographly. Being a complete guide to the acquisition of Pitman's Phonetic Shorthand. Cincinnati, Longlay & Co., Phonetic publishers.

 Andrew & Boyle, The phonographic reader, a complete course of inductive reading lessons in phonography. Boston, Phonographic institute.

handeln, man kann sie zu religiösen und profanen, geistigen, moralischen, physischen und politischen Zwecken anwenden."

„Gut. Ich meine Sie sollten in richtigem Englisch schreiben und sprechen, wie es der gemeine Mann verstehen kann, oder wir müssen von Ihnen sagen, wie Agrippa von Paulus: Die große Gelehrsamkeit hat dich thöricht gemacht. Nehmen wir an, Sie predigten in Phonographie; wer sollte Sie verstehen, wer sollte wissen, was gehauen oder gestochen wäre. Ich wette, so ein Yankee hat die Phonographie erfunden, um unter der Hand seine Abolitionspläne durchzuführen. Ich wette, die Phonographie ist eigentlich gegen die Sklaverei gerichtet, obschon ich nie vorher etwas davon gehört habe. Ich bin gegen alle geheimen Gesellschaften, ich bin ein Feind der Freimaurer, Temperenzler und Phonographen; ich muß wissen, was geschrieben und gesprochen wird. Sie werden mir keinen Sand in die Augen streuen. Phonographie, nachdem was ich heute davon gehört habe, ist gegen die Conföderirten Staaten und wir müssen uns daher dagegen erklären."

Der Dresdener Stenographenkalender gab vor mehreren Jahren die Namen mehrerer deutschen Kunstgenossen in New-York an; doch als wir einst bei einem Aufenthalte daselbst, einige dieser Herren aufsuchten, fanden wir zu unserm größten Erstaunen, daß auch keiner von jener Schrift die geringste Idee hatte.

Es ist schon häufig in verschiedenen Städten dahier der Versuch gemacht worden, die deutsche Redezeichenkunst einzubürgern, niemals jedoch mit dauerndem Erfolge. In Detroit existirte vor zwei Jahren sogar einmal ein Verein, der jedoch sehr bald an dem Indifferentismus des Publikums und der Incompetenz des betreffenden Lehrers scheiterte, der, wie mir einige Schriftproben zeigen, die Elementarkenntnisse darin noch nicht überwunden hatte.

Zufällig sehe ich da eben im Aprilhefte des Dresdener stenographischen Correspondenzblattes folgende Notiz: „Blue Island in der Nähe von Chicago. Franz Hohlfeld aus Schirgiswalde, zuletzt Redakteur der stenographischen Jugendblätter, welcher am 13. September 1864 über Bremen nach Nordamerika auswanderte, befindet sich gegenwärtig hier als Schullehrer. Derselbe hat seit Beginn dieses Jahres die Gabelsberger'sche Stenographie in hiesiger Abendschule als Lehrgegenstand eingeführt und es erlernen nicht nur Knaben, Jünglinge und Männer, sondern auch Mädchen und Jungfrauen diese Kunst eifrig, so daß er hofft, hier bald einen Stenographen-Verein gründen zu können." Da ich in späteren Nummern nichts Weiteres darüber finde, so glaube ich, daß es jenem stenographischen Pioniere ebenso wie seinen Vorgängern ergangen ist, die auch aus Begeisterung für diese großartige deutsche Erfindung Zeit und Geld so lange verschwendet haben, bis ihnen dann der Schlendrian der hiesigen Deutschen die Ansicht beibrachte, daß es sich zur Noth dahier auch ohne Stenographie leben läßt.

In Australien hat auch schon die Pitman'sche Phonographie Boden gefaßt; es befinden sich mehrere Berichterstatter daselbst, welche die Gerichtsverhandlungen und die Debatten des gesetzgebenden Körpers schnellschriftlich aufnehmen.

Aus Mexiko ist sonst nichts Stenographisches zu berichten, als daß daselbst im Jahre 1855 ein Büchlein unter folgendem Titel erschien: "Curso de taquigraphia mexicana, o sea arte de escribir tan pronto como se habla. Nuevo sistema inventado por Don Jgnacio Bustamente. Privelegiado por el supremo gobierno." Die darin enthaltenen Züge und Combinationen sind ungeheuer einfach, aber auch ohne jegliche physiologische oder psychologische Begründung; z. B.:

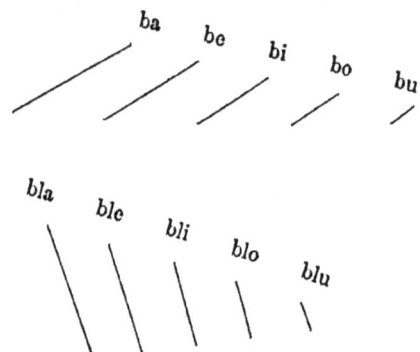

Frankreich hat seine ersten stenographischen Versuche im 17. Jahrhundert aufzuweisen. Das älteste derartige Werk hat Jacques Cossard, "bachelier en theologie" verfaßt; es führt den Titel: "Méthode pour ecrire avssi vite qv'on parle : en suite duquel est un traicté, contenant la bonne prononciation des mots françoys et des mots equivoques de l'ecriture des mots prononcez : ensemble des Synonimes. Paris, chez l'auteur au collège de de la Marche ; 1651." Ihm folgte in mehreren Auflagen ein Werk von C. A. Ramsay in französischer, lateinischer und englischer Sprache.* Nach der

---

* Tachéographie, ou l'art d'ecrire aussi viste qu'on parle renfermé sous très peu de préceptes ; le tout enseigné par une méthode brifve et fort intelligible, expliquée par plusieurs exemples. Par le sieur Charles Aloys Ramsay, Gentilhomme Eccosais. Mis en lumière pour l'usage des Théologiens, furesconsultes, gens qui font profession des lettres, Médecins, Estudians, et de tous ceux qui font des recueils de Sermons et autres pièces d'éloquence. Paris, 1661. Avec Privilège du Roy.

Tacheographia, seu ars celeriter et compendiose quaelibet inter perorandum verba, ut ne unum quidem excidat, describendi. Praeceptis paucis comprehensa idque methodo brevi ac perspicua tradita, pluri-

letzten Ausgabe soll übrigens auch die erste Abhandlung für deutsche Stenographie bearbeitet sein;* doch scheinen die englischen Phonographen sehr wenig von der Existenz jenes stenographischen Urbildes zu wissen, denn als wir desselben einstmal in einer "Brief historical sketch of German shorthand" im Phonetic-Journal, Nr. 25, Vol. 20 gedachten, fügte Pitman hinzu, daß er dieses Werk nur aus einer Notiz von Angel kenne und trotz aller Nachfragen aber noch kein Exemplar davon erlangt habe.

Einen besondern Aufschwung gewann jene Kunst in Frankreich erst zu Ende des 18. Jahrhunderts, wo Coulon de Thevenot seine zahlreichen schnellschriftlichen Arbeiten veröffentlichte, deren Studium die Akademie der Wissenschaften allen Gymnasien und höheren Lehranstalten warm empfahl. Sein Hauptwerk erlebte daher mehr als zwanzig Auflagen und sein System zählt noch heute einige Anhänger. Coulon war wegen seiner Fertigkeit weit und breit berühmt, ebenso auch seine Tochter, die nach seinem Tode mehrere Ausgaben stenographischer Arbeiten veranstaltete.

Im Jahre 1792 übertrug Bertin das bereits früher bei der englischen Phonographie erwähnte System von Taylor auf die französische Sprache,** worin er zwar dem Reporter flüchtigere Zeichen lieferte, hinsichtlich der Genauigkeit jedoch weit hinter dem Coulon'schen Werke zurück blieb. Der Satz: „Honneur aux protecteurs des arts et des sciences" wurde darnach folgendermaßen geschrieben: „onr o prtctr dò ar è dè sians."

Mit Recht spotteten da die Gegner des Bertin'schen Buches: „Gott behüte Euch in die Hände eines solchen Stenographen zu fallen! Wenn ihr ihm dix milles francs leiht, wird er Euch deux milles wiedergeben, und umgekehrt, wenn

---

misque exemplis illustrata. Opera C. A. Ramsay, nobilis Scoti etc. Cum versione gallica. Paris, excud. cum Priv. 1681.

Ramsay, Tacheographie, or the Art of Writing as rapidly as one speaks. 1681.

* Ramsay, Tacheographia, oder; Schnell-Schreibekunst, nebst einem Anhange von der Gryptographia oder: Geheim-Schreibekunst. Aus dem Englischen in's Deutsche übersetzt. 1741. (Ein Exemplar davon befindet sich in der stenographischen Bibliothek des Königlichen Institutes in Dresden.)

** Systéme universel et complet de stenographie ou maniére abrègèe d'ecrire applicable à tous les idiomes et fondée sur des principes si simples et si faciles à saisir, qu'on peut connaître en un jour les élements de cet art et se mettre en état dans très peu de temps, de suivre la parole d'un orateur, inventé par Samuel Taylor, Professeur de sténographie à Oxford et dans les Universités d'Ecosse et d'Irlande et adapté à la langue française par Theodore Pierre Bertin. (Erschien in 4 Auflagen.)

er Euch deux milles geborgt, wird er dix milles fordern; denn ihm bedeutet dx sowohl dix wie deux."

Diesem Uebelstande suchte nun Hippolite Prévost abzuhelfen, indem er das jetzt allgemein gebrauchte System einführte. Wegen seiner großen Verdienste erhielt erhielt er sogar den Ritterorden der Ehrenlegion und wurde Chef des Stenographen-Bureau's beider Kammern. Doch das Jahr 1852 beraubte jene Kunst ihres offieiellen Charakters, was erst ein Dekret vom 24 November 1860 wieder aufhob, worin es heißt: „Les débats de chaque séance sont reproduits par la stènographie et insérés in extenso dans le journal official du lendemain." Von dieser Zeit an konnte der Moniteur die Verhandlungen wieder vollständig bringen und die Rede-Zeichen-Kunst kam wieder zu neuem Aufschwunge.

Ein anderes System von Fayet, worüber die stenographischen Werke von Gabelsberger und Stolze ausführlicher referiren, suchte die bis jetzt gebräuchlichen eckigen, der Phonographie ähnelnden Züge, durch geschmeidigere zu ersetzen, doch kam es zu keiner weitern praktischen Bedeutung, als daß ihm einige deutsche „Erfinder" sein Verbindungsverfahren zwischen Vokal und Consonant abliefen. Außerdem erschien in Frankreich noch eine Masse solcher Werke, wie z. B. von Conen de Prépéan, Astier, Guógar, Mahié, Patey, Vidal, Greßelin u. s. w. Ueber die Stenographie-Phonetik der letztgenannten gibt der Verfasser folgende Explication in einem Briefe an die „Warte" der internalen Beilage des Dresdener stenographischen Correspondenzblattes:

„Mein College.

Hipp. Prévost hat mir mitgetheilt, daß Sie einige Auskunft über mein neues stenographisches System zu erhalten wünschten. Ich eile, Ihrem Wunsche zu genügen und werde mich glücklich schätzen, wenn die Einzelheiten, die ich Ihnen zu geben im Begriffe stehe, einiges Interesse für Sie haben.

Meine Stenographie, die eine phonetische ist, ruht auf dem Grundsatze, daß die Vokale *a, o, ou, u*, durch Ringe dargestellt, als Verbindung für die Consonanten dienen und daß die Vokale *a, e, i, au, on, in, un*, durch einen kleinen Strich oder ein Häkchen bezeichnet, sich im Anfange oder am Ende der Wörter den Consonanten anfügen, während sie, wenn dieselben im Körper der Wörter auftreten, die Gestalt von Accenten annehmen, welche wegfallen, sobald man sich der Stenographie als eigentlicher Schnellschrift bedient. Ich habe so zwei Stenographien: die eine ist die getreue Darstellung der Aussprache, die andere abgekürzt. Die erstere dient zur genauen Bezeichnung des Wortes, und die Kinder können mittelst zweier Texte, des einen in gewöhnlicher, des andern in stenographischer Schrift, für sich selbst eine Leseübung vorbereiten, wie sie ebenso sich selbst eine Uebung für das Gedächtniß schaffen können. Sobald die Kinder später zu schreiben verstehen, übertragen sie das Geschriebene genau in Stenographie und sind so im Stande, sich durch die Schrift eine Lecture zu beschaffen, weil sie nur das schreiben dürfen, was ausgesprochen wird. Sodann bewirken sie durch die Uebertragung der Stenographie in gewöhnliche Schrift sich gewissermaßen selbst ein Diktat, mit dem Vorzuge vor dem gewöhnlichen Diktate, daß, während sie bei der ersten Arbeit die gewöhnliche Schrift in Stenographie übertragen, sie nothwendigerweise den Unterschied zwischen der Aussprache und der Rechtschreibung bemerken und auf diese Art darauf hingeführt werden, durch eigene Beobachtungen sich der Gesetze der Grammatik bewußt zu werden. Diese Stenographie, die sich an ein phononimisches Alphabet knüpft, d. h. an Töne und Gesten, hat mir außerordentliche Dienste geleistet beim Unterrichte von Taubstummen, die, gleich den Hörenden und Sprechenden, für sich selbst Uebungen für Aussprache, Lecture und Ortographie herzustellen im Stande sind. Das phononimische Alphabet bietet noch den großen Vortheil, das Lesenlernen zu einem wahren Vergnügen zu machen und zu ermöglichen, daß taubstumme zugleich mit hörenden Kindern unterrichtet werden können. Es hat jetzt bereit in 46 Asylsälen von Paris als ein Verfahren, den Unterricht im Lesen angenehmer zu machen, Eingang gefunden und was die gleichzeitige Unterweisung von Taubstummen und Hörenden anlangt, so ist es in der Asylschule von Baujours in Anwendung, wo der Wohlthätigkeitsverein, dem dies Asyl seine Gründung verdankt, sechs Freistellen für arme taubstumme Kinder gestiftet hat, welche dort mitten unter den hörenden zum großen intellectuellen und moralischen Vortheile der letzteren erzogen werden. Einer meiner Schüler in meiner Methode, der junge Monrobert, der seit drei Jahren im Stenographenbureau thätig ist, nimmt dort wegen seiner Gewandtheit und Schnelligkeit in der Uebertragung schon eine hervorragende Stellung ein. Genehmigen Sie, mein Herr, die Versicherung meiner Ergebenheit.

Paris, 31. März 1864.

Aug. Grosselin."

Von der Stenographie Vémar, die schon in zweiter Auflage erschienen ist, behauptet der Verfasser, daß sie in einer Viertelstunde zu erlernen sei und er ertheilt daher auch in Paris jeden Tag ohne Ausnahme von 8—10 Uhr unentgeldlichen Unterricht. Seine Schrift basirt nach Art der musikalischen auf fünf Notenlinien, doch geht ihr trotz ihrer Einfachheit die nöthige Schnelligkeit ab.

Als praktischer Stenograph zeichnete sich in Frankreich besonders Breton († 1852) aus, der schon im vorigen Jahrhundert thätig war, 14 Jahre lang für den Moniteur und das Journal des Débats stenographirte und dann 27 Jahre lang Redakteur der Gazette des Tribunaux war.

Eine ausführliche Geschichte französischer Redezeichenkunst liefert Scott de Martinville,* wovon Dr. Lobeck im 4. Jahrgange der Michaelis'schen Zeit-

---

* Histoire de la sténographie depuis les temps anciens jusqu'à nos jours, ou précis historique et critique des divers moyens qui ont été proposés

schrift für Stenographie und Ortographie einen längern Auszug liefert. Scott de Martinville berücksichtigt größtentheils nur seine Nation und läßt hinsichtlich anderer Völker den graffesten Nonsens einlaufen. So sagt er z. B. von Deutschland: „On dit, qu'il y a maintenant en Saxe deux systémes principaux de sténographie, celui de Scholtz et celui de Zabelsberg."

Auch die beiden deutschen Hauptsysteme, die von Gabelsberger und Stolze, sind für die französische Sprache bearbeitet worden,* wovon die Puschkin'sche Uebertragung des erstern unstreitig am erfolgreichsten war, die sich besonders in der Schweiz durch persönliche Propaganda des Autors zahlreiche Freunde erworben hat. Puschkin hielt nämlich am Gymnasium zu Genf zwölf Vorträge über die Schnellschrift und leitete auch daselbst einen sehr besuchten Unterrichtskursus. In Lausanne zahlte ihm die Stadt 200 Francs monatlich für seinen stenographischen Unterricht am Collége cantonal. Die Stolze'sche Uebertragung von der wir einst Gelegenheit hatten, sie zu besichtigen, wird von Pitman im Phonetic-Journal sehr gelobt, wogegen die deutschen Zeitungen in längern Artikeln gerade das Gegentheil sagen.

In Belgien beginnt die Stenographie erst mit seiner Losreißung von Holland, also im Jahre 1830, wo zur Aufzeichnung der Verhandlungen des Nationalcongresses ein gewisser Faure von Paris angestellt wurde. Doch 1833 beschäftigte das Repräsentantenhaus schon fünf Reporter, die einen durchschnittlichen Gehalt von 4000 Francs bezogen. Außer der officiellen Anwendung wird jene Kunst daselbst sehr wenig gepflegt, und an keiner Schule hat sie bis jetzt Eingang gefunden.

---

ou employés pour rendre l'écriture aussi rapide que la parole ; contenant l'analyse de tous les systémes abréviatifs, suivie du programme d'une sténographie en caractères usuels. Paris chez Charles Fondeur, 20. rue de Seine, 1849.

* Cours pratique de sténographie universelle d'après le systéme de Gabelsberger adopté et practiqué dans les assemblées, tribunaux et collèges d'Allemagne, de Danemark, de Suède, de Norwege, de Grèce, de Bohême etc.: appliqué à la langue française, par Alexandre Puschkin, Professeur au collège royal de Bayreuth etc. Genève et Paris. 1863.

Kurzgefaßte Anleitung zur französischen Stenographie nach Gabelsberger's System von Alfred Geiger. Dresden. 1860.

Nouveau systéme de sténographie française, d'après la méthode Stolze, adoptée en Prusse, avec trente-deux planches. Par G. Michaelis, docteur des sciences, lecteur de sténographie à l'université de Berlin, chef du bureau sténographique de la chambre des seigneurs. Paris et Berlin. 1862.

Als Nestor der spanischen Stenographie kann wohl mit Recht Don Francisko de Paula Marti bezeichnet werden, dessen Tachygraphia Castellana im Jahre 1803 erschien, mehrere starke Auflagen erlebte und noch jetzt in lebhaftem Gebrauche steht. Schon 1802 wurde in Madrid ein Lehrstuhl für die Schnellschrift gegründet und Marti leitete daselbst den Unterricht bis zu seinem Tode (1827). Einer seiner begabtesten Schüler, Serray Ginesta, unterrichtete später in der Schnellschrift in Barcelona auf Antrag der dortigen Handelskammer und gab auch mit Hülfe von Ariban daselbst ein Lehrbuch heraus, das aber einige Abänderungen des Originalsystems enthält. Xamarillo lehrte die Marti'sche Methode in Cadix, wohin er wegen der französischen Invasion gezogen war. Gegenwärtig lehrt man die Tachygraphie in Spanien in Schulen zu Madrid und Barcelona und bei den Sitzungen der Cortes sind 19 amtliche Stenographen thätig. Zu letzteren gehörte ehemals auch der spanische Dichter Don Eugenio Martzenbusch, bekannt durch sein Werk: „Die Liebenden von Teruel;" er ist der Sohn eines eingewanderten Tischlers aus Cöln, dessen Handwerk er in seiner Jugend ebenfalls betrieb.

Ein Sohn Marti's, Angelo Ramon, übertrug die Schnellschrift seines Vaters in's Portugiesische * und lebte längere Zeit in Lissabon als Lehrer derselben. Mehrere andere Werke in jener Sprache sind in Rio de Janeiro herausgekommen, ** woselbst die Stenographie ein sehr gut bezahltes Geschäft bildet.

Die ersten italienischen Lehrbücher für Stenographie basiren größtentheils auf englischen oder französischen Mustern, wo Philippo Delpino besonderer Erwähnung verdient, der in Turin eine tachygraphische Lehranstalt errichtete und mehrere Werke schrieb. In welcher Verbreitung sich die Schnellschrift in Italien jetzt befindet, können wir nicht angeben und leider fehlen zuverlässige Nachrichten darüber.

Zu bemerken wäre noch, daß die Gabelsberger'sche Redezeichenkunst schon in zwei Bearbeitungen für jene Sprache erschienen ist. Die erste rührt vom Hauptmann Leinner in Ragusa her und ist schon zweimal aufgelegt worden; die zweite und beste schrieb Heinrich Nee, Professor am Gymnasium zu Spalato, der in jenen Schriftzügen auch schon mit einem Schüler die Verhandlungen des Dalmatinischen Landtages aufgenommen hat. Ueberhaupt scheint unsere deutsche Erfindung daselbst allmälig festen Boden zu gewinnen. Eine italienische Zeitschrift erscheint auch schon, nämlich Eseruzsi di lettura nella stenographia italiana

---

* Tachygraphia portugueza por A. R. Marti, Professor Regio de Tachygraphia en Lisboa. 1828. Con Licenca da Commissao de Censura. Propriedate do Editor. 2. Auflage.

** Da Silva Velho, Nova tachygraphia. Rio de Janeiro. 1852. Complemento à segunda adiçao da Nova tachygraphia. Rio de Janeiro. 1858.

secondo il sistema di Gabelsberger," herausgegeben und autographirt von dem Mitgliede des Tyrolischen Stenographen-Vereins Schuster in Verona.

Aus der frühern Geschichte **holländischer** Schnellschrift ist nichts besonderes zu melden, als daß Johann Reyner, ein „koopman te Rotterdam" unter folgendem Titel ein Buch herausgab: „Een nieuwe Character konst, diergelycke noyt in des⁹ Landen gepractiseert is geweest, waer door men met weynigh moeyte, onde in korten tyd, sall konnen leeren soo kort onde snel te sehryven met de ghemelde Characters, als men ordinaris spreken ofte prediken kan. 1673." Obgleich derselbe von der Regierung ein Privilegium gegen den Nachdruck erhielt und das Recht bekam, stenographischen Unterricht zu ertheilen, scheint er doch nichts Ersprießliches geleistet zu haben. Von der ersten praktischen Anwendung der Schnellschrift informirt uns ein englisches Buch über Boerhave, daß Dr. Baaswieten dessen lateinische Vorlesungen wörtlich nachgeschrieben habe. *

H. Sommerhausen, Doctor in de wysbegeerte en de letteren, erhielt für seine niederländische Stenographie einen Preis von 300 Gulden, den die Königliche Gesellschaft Concordia ausgeschrieben hatte. Der erste amtliche Stenograph war Steger, der auch das stenographische Bureau der Kammern der Generalstaaten organisirte, welches jetzt aus acht Personen besteht.

In dem Werkchen „Underraettelse om Swart Konst-Boken och Runorna" lesen wir, daß in **Schweden** ein gewisser Ralamb den stenographischen Reigen eröffnete, dessen Schöpfung jedoch in keiner stenographischen Bibliothek mehr aufzufinden ist. Im Jahre 1823 setzte der schwedische Reichstag einen Preis von 500 Bankthalern demjenigen aus, der im Stande sei, seine künftigen Verhandlungen wörtlich aufzunehmen. Rittmeister Silferstolpe und Hjerta hatten die Ehre sich in denselben zu theilen. Ersterer veröffentlichte auch ein Lehrbuch nach dem Taylor'schen Systeme, das P. Götrek später in seiner Snabbskrifnings-Cära weiter ausbildete. Doch im Jahre 1855 machte der Sekretär des Ritterhauses bekannt, daß man von nun an nur noch nach der Gabelsberger'schen Redezeichenkunst gebildete Leute verlange, in Folge dessen zwei Uebertragungen erschienen, ** nach denen die jetzigen schwedischen Stenographen gebildet sind.

* By adopting shorthand to the latin tongue he took the dictata almost verbatim. An account of the life and writings of Herrmann Boerhave, London, 1743, S. 119.

** Den Tiska Stenografiens Grunddrag, efter Fr. Gabelsbergers Method tillæmpade pa Psenska Spraket af A. Huber, Stadtgeriokts-Accesist i Muenchen och Stenograf vid Bayerska Riksfoersamlingen. Stockholm, Typografiska Foereningens Boktryckeri. 1855. Foersoek till Lærabok: Stenographie eller snabbskrifnings-konst, efter Gabelsbergers och Dessaus Stenografiskas system foer Svenska Spraket bear-

Auch die w e n b i ſ ch e Regierung hat vor einigen Jahren drei gebildete Männer nach Leipzig geſchickt, um ſich daſelbſt dieſes deutſche Syſtem unter Leitung von Dr. Carl Albrecht anzueignen und es ihrer nationalen Sprache anzupaſſen. Neueren Nachrichten zufolge ſind dieſelben auch ſchon praktiſch thätig geweſen.

In D ä n e m a r k iſt ebenfalls dir Gabelsberger'ſche Methode die allein gebräuchliche. Im Jahre 1848 beauftragte die dortige Regierung die Herren David Deſſau und Alfred Fich nach dem Auslande zu gehen und Stenographie zu ſtudiren. Während ſich letzterer nach Paris wandte, ging erſterer nach München zu Gabelsberger. Als beide nach ihrer Rückkehr examinirt wurden, fiel das Gutachten zum Beſten Deſſau's aus, der nun zum Oberſtenographen ernannt wurde. Er hielt mehrere Unterrichtskurſus ab und ſchrieb auch ein Lehrbuch in däniſcher Sprache,* was zu der früher genannten ſchwediſchen Uebertragung Anſtoß gab.

In R u ß l a n d ſcheint die Schnellſchrift noch eine ars incognita zu ſein. 1858 veröffentlichte Iwanin in Petersburg ein Werkchen darüber, das in ſeinen Zügen den altengliſchen Syſtemen ähnelt.

Prof. Heger hat früher das oft erwähnte deutſche Hauptſyſtem für 4 ſlaviſche Sprachen, für Böhmiſch, Polniſch, Ruſſiſch und Illyriſch bearbeitet, welches Werkchen ** als Vorläufer für weitere Uebertragungen dient.

An der Univerſität zu Lemberg in P o l e n ertheilt ein öſtreichiſcher Offizier, Namens Olewinski, ſeit einiger Zeit ſtenographiſchen Unterricht und hat daſelbſt auch ein Lehrbuch herausgegeben, ‡ dem wie bei allen anderen ſlaviſchen Sprachen, unſere bekannte deutſche Erfindung zu Grunde liegt. Seit 1864 erſcheint auch ſchon eine polniſche ſtenographiſche Zeitſchrift (Biblioteka stenograficzna Lwow), die Joſeph Polinski redigirt, der ebenfalls eine Uebertragung publicirt hat.

Eine gediegene b ö h m i ſ ch e Bearbeitung ¶ hat der Prager Stenographen-

---

betad af J. A. Petre, Revisor i konigl. Kammar-Coll. Hos a Bonnier-Bazaren a Norbro. Stockholm, a Hoerbergska Boktrykeriet. 1860.

* Lærebogi Stenographie. Bearbeitdet for det danske Sprog efter Gabelsbergers „Anleitung zur deutſchen Redezeichenkunſt" af D. Deſſau, cand. phil. Kjovenhaven. 1853.

** Kurze Anleitung zur Steno-Tachygraphie für die vier ſlaviſchen Hauptſprachen, als: die böhmiſche, polniſche, illyriſche und ruſſiſche mit deutſcher Ueberſetzung, nach eigenem ausführlichem Syſteme der cechoſlaviſchen Stenographie von Ign. Heger. Wien 1851.

‡ Stenographia polska wedluq Gabelsberger, Lwow 1863.

¶ Tesnopis cesky. Lestaven komisi Prazskeho spolku stenografu. (Nakladem Prazskeho spolku stenografu.) V. Praze, 1864. V komisi knehkupce spolkového Mikolase Lehmanna v Praze a v Karline.

verein geliefert und davon bereits schon die zweite Auflage veranstaltet. Mehrere
Verhandlungen sind darnach schon stenographirt worden.

Eine kroatische Uebertragung schrieb Prof. Magdic, der darnach an
der Oberrealschule zu Agram unterrichtet. Den Slowaken hat Prof. Czerny
durch eine Brochure die nöthigen Ideen einer Stenographie beigebracht. Es ist
in hohem Grade wundernswerth, wie diese rein deutsche Methode in so verhältnißmäßig kurzer Zeit fast allen germanischen, romanischen und slavischen Sprachen angepaßt wurde und wie sie auch überall in der Praxis ihre Feuerprobe besteht. Sogar die Sprache der Walachen, die rumänische ist schon in ihren
Bereich gezogen worden.* Jene Kunst ist in der Walachei schon seit 1848 bekannt, um welche Zeit sich ein gewisser Rosetti daselbst damit plagte. Späterhin schuf Herr Winterhalder, Mitherausgeber der Zeitschrift „Romanula", ein
neues System, dessen Grundzüge jedoch dem Französischen von Fondeur entnommen sind. Er gab sogar auch stenographischen Unterricht an der Akademie zu
Bucharest und hielt Vorlesungen darüber, die anfänglich von 50, zuletzt jedoch
nur von acht Interessenten besucht wurden, von denen 1862 vier mit hohem Ge-
halte angestellt wurden.

In Ungarn kam die Stenographie zuerst auf dem Landtage von 1832
in Anwendung. Jetzt sind für denselben drei Taylor'sche, drei Nowak'sche, drei
Stolze'sche und ein Gabelsberger'scher Stenograph thätig. Markovits und
Gaszner** haben die Methode des letztern der ungarischen Sprache angepaßt und
Prof. Szombathy in Ofen publizirt nach der letztgenannten Uebertragung schon
eine dreimonatliche Zeitschrift (Gyorsiraszat. Koesloeng a magyar gyorsiras
terjerjestésère; Teleloes szerkesztoe es tulajdonos kiado Szombathy Ignacz).
Auch ein ungarischer stenographischer Kalender für 1865 ist schon erschienen.

In Griechenland finden wir ebenfalls wieder unsere deutsche Kunst,
in der Mindler an der Universität und der polytechnischen Schule in Athen unterrichtet und mit Hülfe seines Sohnes und zweier Studenten der Rechte, die Verhandlungen der Nationalversammlungen stenographirt.

Den Türken und Persern scheint die Stenographie etwas Unbegreifli-
ches zu sein, denn als einst Dr. Zeibig in Paris die Ehre hatte, dem persischen
Gesandten vorgestellt zu werden und dann auch im Laufe des Gespräches dersel-

---

* Stenografia Romana dupa Sistemula bu Gabelsberger de Demetriu
Racucio, stenografa rom. a dietei Transilvanici etc. Libiiu 1864.

** Markovits, et magyar gyorsiras Gabelsbergers rendszere szerint. Pest
und Wien Rosini. 4. Auflage. A Gyovsiras (Stenographie) roevid
es magyar nyelve alkalmazott tana. Irta Gaszner.

. In der Mitte dieses Jahres ist auch ein stenographisches Album Viragok
gyorsiraszati mezben, „Blumen in stenographischem Gewande" von Eli-
scher herausgegeben worden.

ben gedachte, wußte jener gar nicht, was der deutsche Gelehrte eigentlich meinte, bis er ihm dann einen persischen Satz vom Munde abschrieb und dann pünktlich und correct niederlas.* Ein türkisches Wort für Schnellschrift existirt jedoch und zwar findet sich daselbe im „Guide de la conversation à l'usage de l'armée expéditionaire etc. par A. Calfa, directeur du collège national arménien" und heißt „Hatti moukhtassar yazan."

In unserm nächsten Artikel werden wir den Lesern den historischen Gang der deutschen Schnellschreibekunst vorführen und dann zum Schlusse noch eine kurze Uebersicht der Gabelsberger'schen Methode liefern, — jenes Systems, von dem Prof. Rosenkranz zu Königsberg in einer Rede sagte, daß es aus dem Genius der deutschen Sprache geschöpft und die rationelle und daher letzte Form der Schrift sei.

---

* Siehe: Echo. Jahrbuch der Gabelsberger'schen Stenographie. 3 Hefte.

Entered according to Act of Congress, in the year 1864 by
CASPAR BUTZ,
In the Clerk's Office of the District Court of the United States for the Northern District of Illinois.

Die Lebens-Erfahrungen John Godfrey's.

Von ihm selbst erzählt.

Roman aus dem amerikanischen Leben.

Von

Bayard Taylor.

Aus dem Englischen von Marie Hansen-Taylor.

[Schluß.]

XXXVI. Kapitel.

Welches die Symphonie zu Ende und mir wieder Hoffnung bringt.

Mr. Clarendon hatte nicht zu fürchten brauchen, daß ich in meine übelen Gewohnheiten zurückfallen möchte. Eine jede Stunde die ich von meinen Obliegenheiten erübrigen konnte, widmete ich dem Dienst meines sterbenden Freundes. Da ich ihn vernachlässigt und gedankenlos verletzt hatte, nahm ich mir jetzt vor, daß kein Augenblick der kurzen Lebensspanne, die ihm noch gegönnt, nach seinem Ableben mir zum Vorwurf werden solle. Er war zu schwach an Kräften um diese Befriedigung mir zu weigern, und mit wehmüthiger Freude sah ich, daß keine andere Handreichung ihm so willkommen war, keine andere Stimme ihm so schnell den Glanz in das erlöschende Auge zurückrufen konnte, als die meine. Bob bestand darauf mich hin und wieder im Nachtwachen abzulösen und ich staunte nicht allein über das sanfte und zarte Wesen, welches er in seinen Dienstleistungen an den Tag legte, sondern auch über die dankbare Willigkeit, mit der Swansford sie hinnahm. Fast schien es, als habe letzterer seine Kunst vorausgeschickt in's zukünftige Leben und gäbe sich während der wenigen ihm noch von diesem bleibenden Tage mit menschlicher Liebe und Freundlichkeit zufrieden.

Der Keim seiner Krankheit war ohne Zweifel mit ihm geboren worden und die Wurzeln desselben hatten sich so mit denen seines Daseins verwachsen, daß nur das erfahrene Auge zwischen beiden unterscheiden konnte. Als ich ihn zuerst wiedersah meinte ich, daß er keine vier und zwanzig Stunden mehr zu leben habe, allein Wochen waren vergangen und noch immer schwankte sein Zustand zwischen der Aussicht auf schnellen Tod und der sich verspiegelnden Hoffnung auf endliches Genesen. Es gab sogar Zeiten, wo er selbst sich täuschte und heitern Muthes von der Zukunft sprach. Keiner von uns wußte wie trügerisch dieser Schein war und daß er uns auf das Entgegengesetzte hätte vorbereiten sollen.

Eines Abends, anfangs Mai, als Swansford's Schwäche und Abgespanntheit einen Grad erreicht hatten, wo jede Hoffnung aufhören mußte, winkte er mir an sein Lager. Seine Stimme klang so leise, daß die Worte in Geflüster aufgingen, seine Züge aber waren bekümmert und in seinen Augen las ich, daß er mir etwas mitzutheilen habe. Ich reichte ihm daher einen Stärketrank und bat ihn sich ruhig zu verhalten bis er die Wirkung desselben fühle. Bald war er fähig nach der obersten Schieblade seiner Kommode zu deuten und mich zu bitten, ihm ein rechter Hand liegendes Packet zu reichen. Es war eine schwere und sorgfältig umwundene und versiegelte Papierrolle. Ich legte sie neben ihm auf das Bett, worauf er seine weißen abgezehrten Finger zärtlich darüber gleiten ließ.

„Hier ist sie, Godfrey," flüsterte er endlich — „Die Symphonie! Ich dachte einst, daß ich sie in meinem Sarge in den Armen halten und sie mit Herz und Kopf, die sie erschufen, zu Staub werden lassen werde; jetzt aber scheint es, als sei mein Leben dadrin und nicht hier in diesem Leibe. Siehst du, ich möchte nicht etwas tödten, was ein Recht hat zu leben. Und, Gott weiß es, ich habe noch einen andern Grund. Godfrey, sie gehört i h r. Eine jede Note ist ein Theil einer Geschichte, die ihr allein verständlich ist. Möge sie sie lesen. Ich verehre sie zu hoch, um so lange ich lebe, zu ihr zu reden oder an sie zu schreiben; hört sie der Stimme des Todten aber zu, so liegt darin keine Untreue. Behalte es bis sie mich begraben haben und dann übergieb es ihren Händen."

„Du hast mein heiliges Wort darauf, Swansford," erwiderte ich; „du mußt mir aber sagen wer sie ist — wo ich sie finden soll."

„Es steht hier, glaube ich; du kennst sie jedoch."

Ich fürchtete, daß er irre spreche. Das Packet an das Licht haltend, entdeckte ich nach einigem Suchen undeutlich mit Bleistift geschrieben die Worte: „Mrs. Fanny Deering von C. S."

Unter allen Ueberraschungen, die ich je gehabt, schien dies die größte.

„Swansford!" rief ich — „ist sie es wirklich?"

„Ja, Godfrey; frage mich nicht weiter!"

Er schloß die Augen, als wolle er damit Schweigen erzwingen. Nach einer kleinen Weile schien er zu schlafen und ich lehnte mich in den Schaukelstuhl, den Mrs. Very freundlich für die Wachenden besorgt hatte und vertiefte mich in Nachdenken. Tiefer als je fühlte ich das tragische Ende von Swansford's verfehltem Dasein. Sie, die er geliebt — die er noch immer liebte mit der verzweifelten Kraft eines gebrochenen Herzens — sie, die das gemeinsame Andenken, durch welches sie mit ihm verkettet war, zum Stillschweigen bringen aber sicherlich nicht zur Vergessenheit übergeben konnte, war nicht weiter als eine Stunde vom Dachstübchen entfernt, wo er am Sterben lag. Der heiligende Schatten des Todes lag bereits über ihm und der Laut, der Blick innigen Erkennens, auf den sie im zukünftigen Leben hoffen mochte, durfte ihm in aller Unschuld und Ehre noch hier gewährt werden. Ich wollte zu ihr gehen — wollte sie bitten ihn noch einmal zu sehen — die einzige Weihe der Freude über sein trauriges Lebensende auszugießen. Ich wußte, daß ihm von einer solchen Zusammenkunft nicht träumte — vielleicht sie nicht einmal wünschte — und deßhalb war es das Beste, mein Vorhaben geheim zu halten.

Am folgenden Morgen hatte sich Swansford ein wenig erholt, doch war es offenbar, daß sein Leben nur mehr an einem Faden hing. Ich zitterte vor Angst während ich den Tag hindurch jene regelmäßigen Obliegenheiten vollzog, die jetzt um seinetwillen mehr als je drängten, und eilte am Abend schnell zurück, um ihn noch am Leben und in Bob's treuer Obhut zu finden. Sodann begab ich mich unverzüglich nach Mr. Deering's Wohnung in der Vierzehnten-Straße.

Als ich mich dem Hause näherte, fing mein Schritt an langsamer zu werden und ich verfiel in Nachsinnen, nicht allein über mein Anbringen, welches, wie ich wohl empfand, ziemlich zarter Natur war, sondern auch über Mrs. Deering's augenscheinliche Intimität mit Isabel Haworth. Man wird sich erinnern, daß ich seit jenem Abend, an dem ich so mysteriös fortgeschickt ward, die erstere nicht gesehen hatte. Hätte ich nicht einer so verderblichen und rücksichtslosen Lebensweise mich hingegeben, ich würde ohne Zweifel, sobald die Sitte es erlaubte, zu Mrs. Deering gegangen sein; sie mochte den Schlüssel zu der Behandlung besitzen, die mir widerfahren war, oder, wenn nicht, sich ihn verschaffen können. In dem gegenwärtigen Erneuern meiner Bekanntschaft mit ihr, lag die Hoffnung eines endlichen Aufschlusses enthalten, und so gebot das eigene Glück nicht weniger, als das meines Freundes mir diesen Gang.

Ich war nur noch wenige Schritte vom Hause entfernt, als die Thüre sich öffnete und ein Herr heraustrat. Auf den ersten Blick erkannte ich Penrose und auch er hatte mich erkannt bevor er die letzte Stufe erreichte. Seine Anwesenheit im Hause der Freundin Isabel Haworths weckte tausenderlei wilde Vermuthungen in meiner Brust. Er hatte gesiegt — war der glückliche Freier — möglicherweise der Verläumder, dem ich meine Schmach verdankte! Ich hielt inne und würde umgekehrt sein, wäre er nicht bereits meiner habhaft geworden.

„Vetter", sagte er, und in seinem Tone lag etwas, das mich zwang still zu stehen und ihn anzuhören, wiewohl ich die dargebotene Hand nicht anzunehmen vermochte — „wo bist du gewesen? Ich suchte dich im alten Quartier auf, aber deine Wirthin warf mich auf meine Frage beinahe zur Thüre hinaus. Ich glaubte du habest meinem Besuch dadurch vorgebeugt, daß du das Feld räumtest. Komm', sieh mich nicht so an, Mensch! wir können uns jetzt wieder die Hände reichen."

Er nahm die meinige mit Gewalt.

„Was meinst du denn?" fragte ich.

„Daß wir beide verabschiedet sind. Floyd sagte mir, daß du den Laufpaß schon lange erhalten hättest und so nahm ich den Anlauf — um den meinigen mir geben zu lassen. Du hattest recht, John: Ich ließ s i e in meinen Berechnungen aus dem Spiele. Nie aber sah ich alles was ich verloren, bis zum Augenblicke des Verlierens. So, das genügt; wir brauchen nun nicht mehr von ihr zu sprechen. Ich schreibe morgen an Mathilde, daß sie ein paar elegant verfertigter Maschinen ausfindig macht, mit gut geölten Zungen, Knie- und Fußgelenken, mit Garantieleistung dafür, daß sie sprechen, tanzen, im Wagen sitzen, in der Oper paradiren und alles Andere thun können, was concessionirte Damen von Rechtswegen thun sollen. Die eine kannst du bekommen und ich nehme die andere."

Er lachte — ein leises, bitteres Lachen getäuschten Hoffens.

„Alexander," versetzte ich, „ich habe das nicht gewußt. Ich hielt meine Hand zurück, weil ich glaubte, du seiest mein glücklicher Rival. Jetzt gebe ich sie dir von ganzem Herzen, wenn du sie nehmen willst, nachdem ich ein Wort noch hinzugefügt. Ich habe nicht aufgehört und werde nicht aufhören Isabel Haworth zu lieben. Etwas ist zwischen uns gekommen, was mir bis jetzt unbegreiflich bleibt; mit Gottes Hülfe aber werde ich es beseitigen und es möchte sein, Alexander — ich wage kaum es zu hoffen, aber es möchte sein — daß ihr Herz dem meinigen sich hingiebt. Willst du nun noch meine Hand nehmen?"

Er blickte mich einen Moment lang stillschweigend an. Dann aber fühlte ich einen festen Händedruck, der mich zu ihm hinzog bis unsere Lippen sich beinahe berührten. Seine Augen lasen in den meinen und seine Stimme zitterte als er sprach:

„Gott segne dich, John! Ich hatte recht dich zu fürchten, allein jetzt ist es zu spät dazu und unnütz dich zu hassen. Glück kann ich dir nicht wünschen — das wäre mehr als menschlich. Da sie mir aber verloren ist, so ist es weniger schmerzlich, sie dein zu wissen als eines Andern. Wenn es so kommen sollte, werde ich es nicht mit ansehen. Ich gehe fort und es wird mir zum Trost gereichen, an dich als einen Freund zurückdenken zu können."

„Du gehst fort?" fragte ich; „du verläßt New-York — giebst dein Geschäft auf?"

„Nein; die Nothwendigkeit treibt mich ebenso wie mein Verlangen. Dunn und Deering haben schon seit zwei Jahren eine Agentur in San Francisco und von jetzt an soll unter meiner Aufsicht ein Zweiggeschäft daraus gemacht werden. Die Angelegenheit ist schon früher zur Sprache gekommen, und ich wäre wahrscheinlich schon jetzt dort, wenn — wenn, nun ja, wenn sie nicht gewesen wäre. Wir verstehen einander jetzt und brauchen keine Worte weiter zu verlieren. Sieh zu, John, daß du freundlich von mir denkst, wenn dir der selbstsüchtige, herrische Zug, den ich von meinem Vater ererbt, auch nicht gefallen mag; laß das Wesen unserer Mütter in uns allein zu einander sprechen!"

Während er so redete, hielt ich noch immer seine Hand in der meinigen. Diese kraftvolle, männliche Natur, in der sich solche widerstreitende Elemente mischten, fing nach und nach an mir verständlicher zu werden, und in diesem Verständnisse, fühlte ich wie machtlos die ihm von mir beneideten Vorzüge — seine Schönheit, Energie und weltlichen Güter — im Ringen nach ächtem Glück waren. Wiederum blickte ich schamerfüllt auf meine Vergangenheit zurück. Die drei mir am nächsten stehenden Männer, Penrose, Swansford und Bob Simmons, waren ebenso unglücklich gewesen als ich, sie alle aber ertrugen muthig ihr Schicksal, während ich allein wie ein Feigling und Thor mich benommen hatte. Ich sah wie oberflächlich mein Urtheil, wie unbillig mein Argwohn gewesen und die alte Zuneigung, die ich schon als Knabe für meinen Vetter faßte, kehrte in mein Herz zurück.

„Alexander," sagte ich, „ich werde an dich wie an einen Bruder denken. Habe ich jemals unfreundlich deiner gedacht, so geschah es weil ich dich nicht wahrhaft kannte. Gott segne und behüte dich!"

Er war fort, und ich stand vor der Thür. Unser Zusammentreffen hatte mich stark und muthvoll gemacht und ich fragte ohne Zögern nach Mrs. Deering.

Sie trat in das Zimmer mit einem kältern und förmlichern Wesen, als ich früher an ihr bemerkt hatte. Ich empfand jedoch nichts als die hohe und ernste Wichtigkeit meines Anliegens und die Dringlichkeit desselben. Ich übersah daher ihre etwas förmliche Einladung mich zu setzen, trat näher an sie heran und sagte:

„Mrs. Deering, Sie werden mir verzeihen, wenn ich eine Indiskretion in dem begehen sollte, was ich zu sagen habe. Es betrifft einen mir sehr theuern Freund, der einst auch Ihr Freund war — Charles Swansford!"

Sie fuhr fast unmerklich zusammen und schien etwas sagen zu wollen; ich aber fuhr fort:

„Er liegt auf seinem Sterbebette, Mrs. Deering. Vielleicht hat er nur noch einen Tag, ja, vielleicht nur eine Stunde mehr zu leben. Er vertraute meinen Händen ein musikalisches Werk eigener Composition, um es Ihnen nach seinem Tode zu übergeben; ich aber komme heute ohne sein Wissen, um Ihnen zu sagen, daß wohl kein größeres Heil ihm in seinen letzten Lebensaugenblicken widerfahren könnte, als Ihr Antlitz zu sehen und Ihre Stimme zu hören. Mehr brauche ich nicht hinzuzusetzen. Treibt Ihr Herz Sie an, meinen — merken Sie wohl, nicht seinen — meinen Wunsch zu erfüllen, so bin ich bereit Sie zu ihm zu führen. Wenn nicht, so wird er nie erfahren, daß ich diesen Wunsch ausgesprochen habe."

Ihre kalte Würde war dahin; bleich und zitternd stützte sie sich auf die Lehne eines Stuhles. Ihre Stimme war leise und stammelnd. „Sie wissen was er mir ist — war?" verbesserte sie sich.

„Gestern Abend erst hörte ich es, und auch dann nur, weil er sich sterbend glaubte. Ich kam zu Ihnen auf Geheiß des eigenen Gewissens und das Uebrige muß dem Ihrigen überlassen bleiben."

„Ich gehe!" rief sie aus; es kann kein Unrecht sein. Gott, der in meine Seele sieht, weiß, daß ich kein Unrecht im Sinn habe!"

„Nein, gewiß nicht, Mrs. Deering; ja, erlauben Sie mir, Ihnen jetzt, da Sie sich entschieden haben, zu sagen, daß das Leben voll Leid und Qual, welches mein armer Freund um Ihretwillen getragen hat, ein unwürdig auferlegtes gewesen wäre, hätten Sie ihm diese letzte, fromme Trostreichung verweigert."

Sie ergriff meine Hand indem sie unter hervorquellenden Thränen ausrief: „Dank, Dank Ihnen, Mr. Godfrey! Sie haben sich als treuen Freund gegen ihn und mich erwiesen. Gehen wir ohne Verzögerung!"

Der Wagen ward befohlen und binnen einer Viertelstunde befanden wir uns auf dem Weg nach Hester-Street. Schweigend und mit gefalteten Händen lehnte sie unterwegs in der Wagenecke und nachdem wir das Haus erreicht, war sie so von Gemüthsbewegung überwältigt, daß ich sie beinahe aus dem Wagen tragen mußte. Ich führte sie zuerst in mein eigenes Zimmer und ging dann zu Swansford, ihn auf die Zusammenkunft vorzubereiten.

Er hatte geschlafen und wachte erquickt auf; seine Stimme war schwach aber hell und seine gedrückte, unglückliche Stimmung schien geschwunden. Ich setzte mich neben ihn auf das Bett und ergriff seine Hand.

„Swansford" redete ich ihn an, „wenn dir noch ein Wunsch erfüllt werden könnte, welchen würdest du nennen? Wenn von allen Personen, die du je gekannt, eine noch zu dir käme, welche wünschtest du, daß es sein möge?"

Ein heller Freudenschimmer glitt über sein Antlitz und verschwand augenblicklich wieder. „Keine," seufzte er.

„Jemand aber ist hier, Swansford, und wartet nur auf deine Erlaubniß um zu dir zu kommen. Darf sie herein?"

„Sie?"

Seine Stimme erklang gleich einem Schrei, und ein so verzückter, feuriger, verwunderter Ausdruck leuchtete in seinen Zügen auf, daß ich Bob zuwinkte und wir uns aus dem Zimmer fortstahlen. Dann öffnete ich die Thür für Mrs. Deering und schloß sie, beide mit einander allein lassend, sanft hinter ihr zu.

Fragt man was für Worte heiliger Empfindung, was für Bekenntnisse lang verhaltener Gefühle, was für gegenseitiges Bereuen und Vergeben in diesem Beisammensein sich drängten? — Ich würde es nicht enthüllen, wenn ich es wüßte. Es giebt Erlebnisse des Menschenherzens, von denen Gott sich das ausschließliche Recht des Mitwissens vorbehält und fern sei es von mir, in das Heiligthum verwegen einzudringen.

Mehr als eine Stunde saßen Bob und ich, leise redend, in meiner Stube beisammen. Dann hörten wir die Thüre von Swansford's Zimmer leise aufgehen und ich trat hinaus, Mrs. Deering's wankenden Schritten zu Hülfe zu kommen. Ich ließ sie auf einen Stuhl nieder und sah eilends nach Swansford, ehe ich sie nach Hause geleitete.

Sein abgezehrtes Antlitz ruhte auf den Kissen in völliger seliger Erschöpfung; die Augen hatten sich geschlossen, Thränen aber waren unter den Lidern hervorgequollen und funkelten auf den weißen Wangen.

„Swansford," sagte ich, neben ihm niederknieend, „verzeihst du mir was ich gethan?"

Er lächelte mit unaussprechlicher Milde, zog sanft mein Haupt an sich und küßte mich.

Als ich Mrs. Deering vor ihrem Hause verließ, sagte sie zu mir: —„Ich muß Sie um Verzeihung bitten, Mr. Godfrey: ich fürchte, Ihnen in Gedanken

Unrecht gethan zu haben. Wenn dies der Fall ist und ich mir nichts Müssiges eingebildet habe, so werde ich versuchen Sie" —

Sie stockte. Ihre Worte waren mir unverständlich; als ich jedoch im Begriff war um eine Erklärung zu bitten, las sie mir die Frage von den Augen ab und rief, mir die Hand reichend, rasch aus:

„Nein, nein, nicht heute Abend. Verlassen Sie mich jetzt, bitte; allein ich erwarte, daß Sie jeden Tag zu mir kommen, so lange — er lebt."

Indem ich heimwärts wanderte und über das Ereigniß des Abends nachsann, sah ich recht gut ein, daß zwischen der formellen Art und Weise, mit der Mrs. Deering mich empfangen und ihren letzten Worten ein Zusammenhang bestehe. Ich vermuthete, daß sie entweder durch Miß Haworth oder die nämliche Quelle wie die letztere, etwas mir zum Nachtheil Gereichendes gehört habe und auf diese Weise schien der Schlüssel nach dem ich suchte nahe zur Hand zu sein. Ich sollte nicht länger mehr das Opfer einer heimlich sich verkriechenden Feindseligkeit bleiben, sondern, sie von Angesicht kennen lernend, fähig sein, gehörig bewaffnet sie zu bekämpfen. Es stahl die Hoffnung sich wieder in mein Herz und weckte das unterdrückte Pulsiren der Liebe.

Von jenem Wiedersehen an schien Swansforb's Zustand sich gänzlich verändert zu haben. Der letzte bittere Tropfen war aus seinem Gemüth hinweggespült; er war ruhig, ergeben und glücklich. Er ließ mich eine Botschaft an seine Mutter und Schwestern schicken, was er mir früher verweigert hatte und lebte gerade lange genug, um sie noch an seinem Lager zu sehen. Er hatte erst darauf bestanden, daß man ihn zwischen den Armen der Stadt in ein unbezeichnetes Grab legen sollte, nun aber willigte er ein, daß man seinen Leichnam nach der Heimath in Connecticut nehme und ihn an der Seite der Verwandten begrübe. Die letzten paar Tage seines Lebens waren durchaus friedvoll und hell.

„Er ist schon hienieden ein Engel," sagte Bob, und so dachten wir Alle. Seine Lebenskraft nahm gegen das Ende so regelmäßig ab, daß der Arzt die Stunde voraussagen konnte, in der sie still stehen würde. Wir, die wir es wußten, umstanden den nichtsahnenden Kranken, der verlangte, daß man ihn zu einer fast sitzenden Stellung aufrichte. Mit einem Blick, der der Erde schon zu weit entrückt war, um verschiedene Liebesgrade auszudrücken, wanderten seine Augen von Einem zum Andern. Da plötzlich bewegten sich die Lippen und er hob an zu singen:

„Verstummt ist seiner Leier Ton,
Bestäubt die Schläfe grün" —

Hier stockte die Stimme und mit ihr das Herz für immer.

Ich begleitete seine Familie nach Connecticut und sah wie man ihm die letzte Ehre in dem grünen, zwischen Hügeln gelegenen Kirchhof erwies. Dann überließ ich seine getäuschten Hoffnungen, sein verfehltes Streben, sein zerschelltes Leben der Verwesung, im Glauben, daß die göttliche Barmherzigkeit die Entschädigung in den ewigen Gefilden für ihn bereit halte.

Durch meine in den letzten Tagen beständig erforderliche Anwesenheit und die daraus folgenden Pflichten verschoben, kam es nun endlich zu der mir von Mrs. Deering versprochenen Erklärung; doch war sie nicht so befriedigend, als ich gehofft hatte. Alles worüber ich mir Klarheit verschaffen konnte, war, daß Miß Haworth etwas vernommen — ja, wußte, wie sie gegen Miß Deering sich ausgedrückt — welches mir zum Nachtheil gereichte und sie sich dann jede Erwähnung meines Namens verbeten hatte. Mrs. Deering verließ sich natürlicherweise auf das Urtheil der Freundin und meine eingestellten Besuche in einem Hause, wo man mich so zuvorkommend aufgenommen hatte, bestätigten ihr den unbestimmt gefaßten Argwohn, den sie selbst gehegt. Es sei nicht nöthig, sagte sie, diesen weiter zu berühren; sie habe nichts gehört, wisse nichts, ausgenommen, daß Miß Haworth mich ihrer Bekanntschaft für unwerth erachtete. Nun aber sei sie überzeugt, daß irgendwo ein Irrthum vorhanden sein müsse, und sie werde es für ihre Pflicht halten, das Räthsel aufklären zu helfen.

Mrs. Deering theilte mir noch einen andern Umstand mit, der vor einigen Wochen stattgefunden. Miß Haworth hatte ganz plötzlich das Haus ihres Stiefvaters verlassen und sich nach Boston begeben, wo sie Verwandte hatte. Es lief das Gerücht um — mit welchem Grunde aber wußte Niemand zu sagen — daß sie bei ihrer Rückkehr nicht mehr bei ihrem Stiefvater wohnen werde. Irgend etwas Unangenehmes mußte sich ereignet haben, denn sonst würde Mrs. Deering, ihre intimste Freundin, von ihr gehört haben. Jene stand im Begriff an sie zu schreiben, um sich nach der Begründung des Gerüchts zu erkundigen, als mein Besuch und die Aufregung, in die ihr Gemüth durch Swansford's Schicksal versetzt worden war, ihr die Sache aus dem Sinn getrieben hatte. Nun aber wollte sie keine Zeit mehr verlieren. Erwies sich das Gerücht als wahr, so beabsichtigte sie, ihr eigenes Haus Miß Haworth als zeitweilige Heimath anzubieten.

Während dieses Gesprächs war es natürlich, daß mein in hohem Grade ängstlicher Wunsch, den Anstoß, den ich gegeben haben sollte, kennen zu lernen, und wo möglich mich wieder in Miß Haworth's guter Meinung festzusetzen, das ihm zu Grunde liegende wahre Motiv verrathen sollte. Wiewohl nichts davon gesagt wurde, wußte ich dennoch, daß Mrs. Deering in meinem Herzen las und ihre Hoffnungen den meinigen zugesellte. Sie ward niemals müde, von den edlen weiblichen Tugenden ihrer Freundin zu reden, noch ward ich es müde ihr zuzuhören. Beide waren in der nämlichen Schulanstalt erzogen und gegenseitig mit dem bekannt, was sie im Leben erfahren hatten. Und so, obwohl sie fern und sich von mir gewendet hatte, machte ich gute Fortschritte im Bekanntwerden mit der von mir Geliebten.

Während Mrs. Deering auf eine Antwort von Boston wartete, schiffte Penrose sich nach Californien ein. Den Abend vor seiner Abreise brachten wir zusammen zu. Ueber einen Gegenstand schwiegen wir wie durch gemeinsames Uebereinkommen, über alles Andere aber sprachen wir uns frei und rückhaltlos wie zwei Brüder aus. Mit ihm zog ein Theil meines Lebens fort, an welchen ich einst in der Zukunft wieder anzuknüpfen beschloß; wann und wie dies aber geschehen sollte, war so unbestimmt wie der fernere Verlauf meines Geschicks.

XXXVII. Kapitel.

Welches endlich mein Glück bringt.

Während der aufgeregten Zeit, die ich geschildert, hielt ich mich treulich zu meiner Arbeit, und trotz der Ansprüche welche die Bedürftigkeit des armen Swansford auf meinen Beutel machte (und ich gab von Herzen gern) gewann ich allmälig meine frühere Unabhängigkeit wieder. Bob's großmüthiges Darlehn war zurückerstattet, ich war von andern Schulden frei, und besaß von neuem eine sichere und hinlängliche Einnahme. Jene Monate des Umhertreibens erschienen mir im Lichte fester Entschlüsse, das jetzt mein Leben aufhellte, wie ein düsterer, unruhiger Traum; es war, als habe ein schwüler Dunst, in welchem die Gesichten von Gut und Böse ineinander schwammen und die Wege der Ordnung und der Zügellosigkeit zum unentwirrbaren Labyrinth wurden, sich verweht und die

Erde sei nun heller als jemals. Ich will nicht behaupten, daß alle Versuchungen mit einemmal aufhörten, oder keine drohende Gewalt mehr ausübten; allein ich war im Stande sie unter der Maske zu erkennen, in der sie nahten, und geduldig auf den Tag zu harren, da jede bedingungsweise Versündigung der Sinne sich zur erlaubten Spende sich auflösen sollte.

In Hinsicht auf einen Gegenstand allein war ich nicht geduldig, und meine Enttäuschung war äußerst groß, als Mrs. Deering mich benachrichtigte, daß sie einen Brief von Boston erhalten hatte, der nur allein das Gerücht, Miß Haworth werde nicht in das Haus ihres Stiefvaters zurückkehren, bestätigte. Sie wolle, wenn sie — möglicherweise in vierzehn Tagen — nach New-York käme, der Einladung der Freundin Folge leisten. Dem beigefügt war allerdings eine Hindeutung auf weitere vertrauliche Mittheilungen, welche aber erst mündlich stattfinden sollten. Ich bat Mrs. Deering nochmals zu schreiben und wenigstens eine Erklärung über das mich betreffende Räthsel zu verlangen. Sie habe das Recht dazu, behauptete ich, da sie mir jetzt erlaube mich als ihren Freund zu betrachten.

Vier Tage darauf, als ich, nach Vollziehung meiner Berufsarbeiten, spät Abends in meine Wohnung zurückkehrte, fand ich ein kleines Billet auf meinem Tische. Dasselbe war von einer Frauenhand adressirt, die mir bekannt erschien; dennoch war es nicht Mrs. Deering's, und von andern Damen — selbst von Abelise Choate — erhielt ich schon lange keine Billets mehr. Gleichgültig öffnete ich es und las: —

„Ich habe Sie falsch beurtheilt, Mr. Godfrey, und Sie unhöflich behandelt. Sollte ich des Rechtes, dies wieder gut zu machen, nicht verlustig gegangen sein, oder sollten Sie nicht den Wunsch, meine Genugthuung entgegen zu nehmen, verloren haben, so schenken Sie mir Ihren Besuch morgen Abend bei Mrs. Deering, wofür Ihnen dankbar sein wird

Isabel Haworth."

Was ich in den ersten zehn Minuten, nachdem ich diese Zeilen gelesen hatte, that, weiß ich nicht genau anzugeben; doch ist es mir, als sei ich an meinem Bette auf die Kniee gesunken und habe das Haupt über die Decke gebeugt, wie meine Mutter mich als Kind gelehrt hatte. Die Aufgabe, für die ich mich bemüht hatte Kräfte zu sammeln, war bereits gelöst. Was verschlug es jetzt, wer der Feind war und welches die Waffen, deren er sich gegen mich bedient. Sie gestand ihre Unbilligkeit, gestand sie unumwunden und würdevoll, wie es ihrem Wesen zukam. Das einzige Gebet auf das ich an jenem Abend vor dem Einschlafen meine Seele richten konnte, lautete: „Gott, gieb mir Isabel Haworth!"

Am folgenden Morgen antwortete ich mit einer einzigen Zeile: —

„Ich komme.

John Godfrey."

und trug sie, bange das Schicksal derselben andern Händen anzuvertrauen, in eigner Person nach der Vierzehnten-Straße. Dieser Tag war der längste meines Lebens. Es war schwierig, während meine Einbildungskraft auf dem krausen Haar und den sanften veilchenblauen Augen weilte, die ich so lange entbehrt hatte, die Gedanken in das gewöhnliche Joch zu zwingen und alle Einzelheiten einer neuen Zucker-Raffinerie, deren Beschreibung im morgenden Zeitungsblatt erscheinen mußte, durchzunehmen.

Ich springe über die nagende Ungeduld hinweg und eile zum Abend. Sobald nur die Gesellschaftssitte es erlaubte, erschien ich an Mrs. Deering's Thür und ließ mich bei Miß Haworth melden. Ich brauchte nicht lange zu warten. Sie trat in das Zimmer, wie es mir schien, größer und imposanter in ihrer Erscheinung, als früher — allein es war nur die hohe Frauenwürde mit der der Sinn für Recht und Gerechtigkeit sie umgab. Die lieblichen, treuherzigen Züge sahen blaß aus, aber entschlossen, und die Augen, da sie meinem Blick begegneten, senkten sich nicht eine Sekunde. Ich vergaß alles außer der Freude sie wiederzusehen, wieder ihre Gesellschaft zu genießen, und ging ihr entgegen als sei nichts vorgefallen seitdem wir uns zum letztenmal gesehen.

Sie aber stand still und hielt mich vermöge einer geheimen Einwirkung davon ab, ihr die Hand, die ich eben ausstrecken wollte, hinzureichen. „Warten Sie, bitte, Mr. Godfrey," sagte sie. Ehe ich es zulasse, daß Sie mir als Freund nahen — auch wenn Sie großmüthig genug sein sollten, mir ohne vorhergehenden Aufschluß die Unartigkeit zu vergeben, mit der ich Sie behandelt habe — müssen Sie anhören, in wie weit ich mich durch Einflüsterungen und den Schein habe verleiten lassen, Ihnen, in ihrem Charakter als Mann, grausames Unrecht anzuthun.

Sie stand da so fest und entschlossen und beugte unter diesem Schuldbekenntniß ihren weiblichen Stolz so freiwillig und edel, daß ich im Herzen vor ihr niederfiel und ihr huldigte. Es genügte: ich wollte das Uebrige der freiwilligen Genugthuung ihr ersparen.

„Miß Haworth," sagte ich, „lassen Sie es gut sein. Sie haben bereits zugegeben, daß Sie mich fälschlich beurtheilt haben, und mehr verlange ich nicht. Ich frage nicht danach, welche Gründe Sie dazu veranlaßten, mir das Vergnügen Ihrer Bekanntschaft zu rauben; es genügt mir, daß sie jetzt nicht mehr vorhanden sind."

„Nein, es genügt nicht!" rief sie. Ich halte mich verantwortlich für jede Handlung meines Lebens. Sie haben das Recht eine Auseinandersetzung zu verlangen; von einem Manne würden Sie dieselbe verlangen, und ich bin nicht willens mich unter die gefühlvolle Rücksichtnahme auf unser Geschlecht zu flüchten, welche mir eine Demüthigung ersparen würde, nur um mich der Gelegenheit zu berauben, Gerechtigkeitssinn zu befriedigen. Seien Sie aufrichtig, Mr. Godfrey, und gestehen Sie, daß das unaufgeklärte Unrecht Ihr Gedächtniß beunruhigen würde.

Ihr Wahrheitssinn drang tiefer ein, als mein, mir vom Augenblick eingegebener Impuls. Ich fühlte, daß sie recht habe: es war besser, daß jetzt alles zur Sprache komme und die Vergangenheit der Zukunft wegen aufgeklärt werde.

„Es ist wahr," versetzte ich, „ich bin bereit alles zu vernehmen, was Sie zu sagen für nöthig befinden."

Sie schwieg einen Augenblick, aber nicht aus Unentschlossenheit. Sie bedachte sich nur wie sie anfangen sollte. Als sie zu sprechen anhob, geschah es mit ruhig fester Stimme, die mich fühlen ließ, daß nur die natürliche Empfindung des eignen Herzens sie dazu antrieb.

„Der Instinkt leitet uns, glaube ich, im allgemeinen auf die Wahrheit, und so werden Sie vermuthlich schon errathen haben, daß mein Stiefbruder, Mr. Tracy Floyd, kein Freund von Ihnen ist?"

Ich verbeugte mich einstimmend.

„Obgleich ich nicht Ursache hatte, den Meinungen Mr. Floyd's viel Gewicht beizulegen, so gebe ich doch zu, daß andere Umstände eine Zeitlang meinen Glauben an männliche Aufrichtigkeit und Rechtschaffenheit erschüttert hatten; daß ich — vielleicht krankhaft — mißtrauisch war und die Andeutungen, die er über sie fallen ließ, wiewohl ich ihnen keinen Glauben schenkte, mich dennoch bestimmten anderen Anklagen gegen Sie Gehör zu geben. Diese sollten auf gewisse Umstände begründet sein, die er entdeckt hatte, und als daher ein anderer Umstand, welcher jene sehr entschieden zu bestätigen schien, mir selbst unter die Augen kam, glaubte ich alles. Es war ein oberflächliches, vorschnelles Urtheil, das ich fällte — wie fälschlich es aber war, entdeckte ich erst vor wenigen Wochen. Ich schäme mich vor mir selber, denn das wahre Sachverhältniß gebietet mir Sie zu ehren wegen des nämlichen Umstandes, den ich Ihnen zur Schmach auslegte."

Ihre Worte waren bieder und edelmüthig, noch aber verstand ich nicht den Sinn derselben. Beim Anhören des Lobes, das mir von ihren Lippen zu theil ward, fühlte ich wie meine Wangen erglühten und mein Herz vor Glückseligkeit pochte. Wiederum schwieg sie, ich aber wollte sie nicht in ihrem Bekenntniß unterbrechen.

„Sie erinnern sich wohl," fuhr sie fort, „kurz nach meiner Rückkehr im Herbst mich besucht zu haben. Mr. Penrose war mit Ihnen zugleich da und Sie verließen das Haus zusammen. Als Sie sich eben verabschiedeten, trat mein Stiefbruder in das Zimmer. Er hatte schon immer bei Erwähnung Ihres Namens verächtliche Bemerkungen fallen lassen, an jenem Abend aber schien er ganz besonders über ihren Besuch empört. Es thut nicht noth, daß ich alles was er sagte wiederhole; Die Hauptsache war, daß, wie er sagte, Ihre Sitten für den Verkehr mit Damen der guten Gesellschaft nicht paßten; daß er, dem es infolge des Bezugs in dem unsere Eltern zu einander standen, zukomme sich als meinen Beschützer anzusehen, mich darauf aufmerksam mache, daß jeder Anschein von Freundschaft zwischen Ihnen und mir, mich nur in Verlegenheit bringen, wenn nicht gar mir schaden müsse. Diese Behauptung konnte ich mit dem Eindruck, den Ihre Persönlichkeit, während unserer verflossenen Bekanntschaft auf mich gemacht, nicht wohl in Uebereinstimmung bringen; wie ich Ihnen aber schon gesagt, Mr. Godfrey, ich hatte unangenehme Erfahrungen von menschlicher Selbstsucht und Heuchelei gemacht — es schien als ob meine Stellung mich so recht eigentlich aussetze — und ich fing daher an über mein Urtheilsvermögen Zweifel zu hegen. Dann ereignete sich ein eigenthümlicher Zufall, in welchem ich — ohne es zu wollen — zum Spion Ihrer Handlungen wurde und dabei, meinem Vermuthen nach, die Wahrheit dessen erblickte, was Mr. Floyd behauptet hatte."

Ihren Worten mit athemlosen Interesse folgend, hafteten meine Augen fest auf ihrem Antlitz. Noch konnte ich nicht errathen auf was sie unter allem was ich je gethan anspielte. Ich sah jedoch, daß das kommende Geständniß Muth erfordere und ahnte, daß sie die ganze Würde und Lauterkeit der weiblichen Natur dazu aufbieten müsse.

„Sie haben ein weibliches Wesen gerettet," sagte sie, „und es sollte mir wohl nicht schwer werden einem Manne einfach Gerechtigkeit zu erweisen. Ich kam eines Abends durch Washington-Square, Mr. Godfrey, als Sie sich dort befanden, die Geschichte eines unglücklichen Mädchens anzuhören. Ich sah wie Sie, im Bestreben sie zu trösten und ihr beizustehen, sie mit dem Arm unterstützten, konnte aber weder Ihre Worte, noch die des Mädchens vernehmen. Ich traute dem allein, wovon meine Augen Zeugniß gewesen und diese bestätigten mir alles was ich gegen Sie hatte sagen hören."

„Was! rief ich aus, „wie wäre dies möglich?"

„Ich befand mich in meinem Wagen und im Begriff vor einem Haus abzusteigen, welches bei der Laterne, unter der Sie standen, gegenüber lag. Indem der Kutscher die Pferde anhielt, zogen Sie sich, als fürchteten Sie beachtet zu werden, in den Schatten der Bäume zurück. Diese Falschheit Ihres Charakters (denn dafür sah ich es an) dünkte mich um so schlimmer und abstoßender, als Sie den Anschein eines offenen, biedern Wesens an sich trugen. Ich war ähnlicher Entdeckungen müde und beschloß von dem Augenblick an Sie nicht mehr zu kennen. Ich bin gewohnt meinem Impuls zu folgen und ergriff dazu die erste Gelegenheit die sich darbot — wie ungerecht, wie schonungslos ich aber hierin handelte, ahnte mir nicht, bis ich die Wahrheit erfuhr. Ich habe versucht ebenso schnell es wieder gut machen zu wollen, als ich vorschnell war Sie zu verletzen, allein Sie waren nirgendwo zu finden. Ehe ich Mrs. Deering's letzten Brief erhielt, wußte ich nicht wo ein Wort von mir Sie treffen könnte."

„Miß Haworth!" rief ich, „reden Sie nichts mehr davon! Sie haben edel — Sie haben großmüthig gehandelt. Nie — niemals habe ich Sie in meinem Herzen angeklagt." Das nächste Wort würde meine Liebe verrathen haben. Mit einer gewaltsamen Anstrengung hielt ich es zurück, erfaßte jedoch ihre Hand, beugte mich darüber und küßte sie. Als ich in die Höhe blickte senkten sich ihre Augen zu Boden und die klaren Umrisse ihres Angesichts waren von wunderbarem Liebreiz übergossen.

„Sagen Sie mir nur," fuhr ich fort, „wie Sie das weitere hörten. Wer benachrichtigte Sie von meiner Zusammenkunft mit —"

Unwillkürlich hielt ich inne. Sie sah mir fest in die Augen und vollendete den abgebrochenen Satz: —

„Jane Berry. Von wem hätte ich es hören sollen, als von ihr selber? Sie hat mir alles erzählt. Sie war es, die auf meinen Antrieb Sie aufzusuchen ging."

Die Reihe war an mir die Augen niederzuschlagen. Hatte Jane Berry ihr wirklich a l l e s erzählt? Nein, gewiß nicht; denn in dem Fall möchte Miß Haworth nicht so bereitwillig gewesen sein, ihren Fehler gut zu machen. Sie überschätzte mich jetzt eben so sehr als sie mich früher unterschätzt hatte. Indem ich mich dessen erinnerte was ich gewesen, konnte ich nur mit Schmerz daran denken, wie ich ihren reinen, aufrichtigen Augen scheinen mußte. Das Räthsel war indeß nicht ganz gelöst; ich unterdrückte das Andenken an meine Schande und fragte von neuem:

„Wie aber sind Sie mit Jane Berry zusammen gekommen?"

Zu meinem Erstaunen schien Miß Haworth in Verlegenheit wie sie diese Frage beantworten sollte. Einen Augenblick lang schwieg sie und ein leichtes Roth stieg in ihre Wangen. Dann versetzte sie:

„Genügt es Ihnen nicht, Mr. Godfrey, daß ich mit ihr zusammen getroffen bin? — daß ich ihr zu helfen bemüht bin, wie meine Pflicht es gebietet?"

In dem was folgte, gehorchte ich einem unwiderstehlichen innern Drang. Woher er kam, kann ich nicht sagen; er bemächtigte sich meines Herzens und riß mich fort ehe ich Zeit fand zu fragen, wohin er mich wohl führen werde. Allein die Liebe so lang und innig gehegt, von Mitbewerbung bestürmt, plötzlich zurückgestoßen, von den vergeblichen Anstrengungen einer noch nicht gereiften Willenskraft bekämpft und von üblem Lebenswandel gröblich beleidigt, behauptete jetzt wieder die Herrschaft über mich, erfüllte und durchdrang mein ganzes Wesen mit Licht und Wonne, strahlte aus meinen Augen und lebte auf meinen Lippen. Ich war machtlos ihr Einhalt zu thun. Jeglicher Gedanke an die Ungleichheit unserer Verhältnisse, an den Contrast zwischen ihrer weiblichen Reinheit und Edelmüthigkeit und meiner männlichen Unwürdigkeit, schwand aus meinem Innern. Nichts fühlte ich, als daß wir Aug', in Aug', Herz gegen Herz uns gegenüber standen, und aus der überwallenden Fülle des meinigen rief ich aus: —

„Ich weiß, Miß Haworth, wie gütig Sie mich beurtheilen. Besser noch weiß ich, wie wenig Anspruch ich habe von Ihnen in Ehren gehalten zu werden, und dennoch wage ich — wie soll ich es ausdrücken — wage ich mich dahin aufzuschwingen, wo nur ein Ebenbürtiger an Wahrhaftigkeit und Herzensgüte stehen dürfte! Ich sollte Ihnen Zeit lassen mich besser kennen zu lernen, ehe ich Ihnen sagte, wie ich es muß, daß ich Sie liebe — ja, liebe! Nicht erst jetzt, sondern lange schon ehe Sie mir verloren schienen, und trotz aller Hoffnungslosigkeit, ohne Aufhören seitdem. Ich vermag es nicht Ihnen zu banken, ohne mein Herz zu verrathen. Es war nicht meine Absicht Ihnen dies heute Abend zu sagen. Allzu beglückt vom Gedanken, daß Sie mich zu sich zurückriefen, kam ich, ohne es mir nur träumen zu lassen mehr von Ihnen zu verlangen; Ihre Gegenwart aber ruft mir Worte auf die Lippen, die mich vielleicht für immer verbannen werden. Ich bitte nicht, denn Liebe läßt sich nicht erbitten. Ich habe keinen Grund zu hoffen, und doch, Isabel, liebe ich Sie, und glaube, Sie werden mir wenigstens verzeihen, falls Sie mich nicht glücklich machen können!"

Schweigen folgte meinen Worten. Während das Gas im Kronleuchter über uns flackerte und summte, stand ich mit gesenktem Haupte, als erwarte ich einen Todesstoß. Da aber ließ eine sanfte Stimme in der Stille des Gemachs sich vernehmen, bei deren lieblichem Wohllaut mir das Herz zerbebte.

„Ich wußte es schon."

„Dann" — allein der Satz kam nicht zu Ende. Unsere Blicke begegneten sich und ein Flimmern wie von Sternen im Zwielicht zitterte im Violenblau ihrer Augen. Unsere Hände fanden sich und zogen uns zu einander hin; berauscht und taumelnd vor Glückseligkeit fühlte ich wie die süße Fülle ihrer Lippen sich widerstandslos den meinigen hingab. Dann legten meine Arme sich um ihren Leib, ihre Hände umschlangen meinen Hals, meine Wangen schmiegten sich an das seidenweiche, goldenwellige Haar ihrer Schläfe und ich seufzte aus der Tiefe meiner Seele: — „Oh Gott, sei ewig gelobt!"

Sie fühlte die Thräne, die auf ihrem Haar funkelte. Einmal noch drückte ich die Lippen auf ihre reine Stirn, und flüsterte: „Sag', Isabel, ist es wahr!" Sie hob den Blick in die Höhe und lächelte, indem wir unsere Herzen im angehauchten Spiegel unserer Augen gegenseitig zu ergründen suchten.

„Ich wußte es wohl," wiederholte sie; „allein ich wußte noch etwas anderes. Ach, es ist Seligkeit endlich Ruhe zu finden!"

Dann schlüpfte sie aus meinen Armen und sank, das Gesicht mit den Händen bedeckend, auf einen Stuhl. Ich kniete neben ihr nieder und liebkoste ihr liebliches Haupt. „Ich dachte, du wärest mir verloren," flüsterte sie; „ich durfte nicht hoffen, daß du mir so schnell vergeben würdest."

„Geliebte!" rief ich, ihre Hand in die meinige legend — „ich klagte niemals dich an. Ich wußte daß sich etwas zwischen uns geschlichen hatte, das ich nicht beseitigen könne, ohne die Spur desselben aufgefunden zu haben. Bis diesen Abend habe ich nicht gewußt warum du mich fortschicktest. Hätte ich eine Ahnung gehabt, oder hättest du mir Gelegenheit gegeben —"

„Ach," unterbrach sie mich, „du wirst es jetzt begreifen! Weil ich dich damals schon liebte, John, fühlte ich mich so verletzt und gedemüthigt — beschloß ich dich nie wiederzusehen. Du vor all den jungen Männern, die ich kannte, schienst mir treu und offenherzig; ich vertraute dir von allem Anfang an, und eben als ich zu hoffen begann — gerade wie du hofftest, John — traf dieser Schlag uns beide. Es kann dir nicht schwerer geworden sein ihn hinzunehmen, als mir ihn aufzuerlegen. Hast du mir auch sicherlich verziehen?"

„Isabel!" war alles was ich hervorbringen konnte, außer der wunderbaren schweigenden Sprache der sich begegnenden Lippen.

Meine Seligkeit war zu rein und zu vollkommen, als daß ich sie lange ungestört hätte genießen sollen. Ihre jungfräuliche, bescheidene Muthigkeit, ihr offenes, furchtloses Bekenntniß der Gegenliebe erfüllten mich mit einem erhöhten Vertrauen, mit um so zärtlicheren Gefühlen; allein bald riefen sie mir auch das scheu ausweichende Schweigen der falschherzigen Amande zurück. Jene bedauerliche Episode meines Lebens mußte gebeichtet werden — und nicht sie allein. Ich mochte das großherzige Vertrauen des innig geliebten Wesens nicht täuschen, indem ich sie glauben ließ, daß ich besser sei als ich war — oder vielmehr gewesen war; denn jetzt schien die Ausübung der höchsten Tugend, der strengsten Selbstverleugnung kaum hinreichend um mein Glück zu vergüten. Ach, hatte ich es nur gefunden um es wieder zu verlieren? Dieser mir im Sinne liegende Gedanke verdunkelte, indem er immer bemerkbarer in mir aufstieg, den goldenen Aether, in dem ich athmete und mischte den bittern Tropfen in meinen Freudenbecher.

„Isabel," sagte ich, „ich darf das Glück meines Lebens mir nicht so zur leichten Beute machen. Ich bin schwach und sündhaft gewesen. Erst mußt du mein früheres Leben erfahren, und dann entscheiden ob ich dir zur Seite stehen darf. Ich bin es dir schuldig, daß du mich ganz kennen lernst."

„Ich erwartete von dir nichts anders, John," versetzte sie. „Es ist recht so. Keine Erfahrung des Einen sollte dem Andern geheim bleiben. Du schenkst mir die Gegenwart, versprichst mir die Zukunft und daher besitze ich das Recht, auch deine Vergangenheit kennen zu lernen."

Sie sprach in so standhaftem und heiterem Ton, daß ich mich wieder beruhigt im Herzen fühlte. Ich wollte die Beichte bis zur nächsten Zusammenkunft aufschieben und mich diesen einen seligen Abend wenigstens ganz dem wonnigen Genuß meines Glückes hingeben. Ein anderer Gedanke aber stieg tückischerweise auf, mich zu beunruhigen — wie sollte meine Armuth sich ihrem Reichthum anpassen? Wie sollte ich, nicht sie, sondern die ungläubige Welt von der lautern, uneigennützigen Natur meiner Neigung überzeugen? Auch davon wollte ich jetzt schweigen, sie aber sah den Schatten über meine Stirn ziehen und fragte mit arglistigem Tone:

„Und was sonst?"

„Du sollst es hören," versetzte ich. „Deine Stellung in der Welt ist höher als die meinige. Ich aber kann aus meiner Liebe keine Leiter machen, um auf ihr zu dem sichern Wohlstand emporzusteigen, den sich zu verschaffen des Mannes Pflicht gebietet. Was dein Vermögen auch sein mag, du mußt mir erlauben, das meinige zu erwerben. Der Unterschied zwischen uns besteht in einem Zufall, den mein Herz nicht anerkennt — wollte Gott, daß es der einzige Unterschied zwischen uns wäre! — allein ich darf mich des Vortheils nicht bedienen, den die Gleichstellung der Liebe mir darbietet, um einer Nothwendigkeit zu entgehen, der ich mich ebensowohl deinet- als meinetwillen noch ferner unterwerfen sollte. Du verstehst mich, Isabel?"

„Vollkommen," erwiderte sie. Nicht um der Welt, sondern um deinetwillen stimme ich in deinen Vorschlag ein. Ein müßiges Leben würde dich nicht glücklich machen und ich sollte meinerseits froh sein, daß mein kleines Vermögen uns nicht von einander geschieden hat. Bisher ist es eigentlich mein Unglück gewesen. Es hat die falsche Liebe angezogen und soll nun der ächten mich nicht berauben. Laß es nicht zwischen unsere Herzen treten. Wäre es dein, du würdest es mit mir theilen und ich würde ungescheut den Gebrauch desselben genießen. Der Mann aber ist stolz wo das Weib demüthig sein würde, und dein Stolz ist ein Theil deines Seins und ich liebe dich wie du bist!"

„Gott gebe, daß ich es verdiene!" war alles was ich sagen konnte. Ein weicherer, heiligerer Geist der Liebe senkte sich über mein Herz. Jetzt konnte in Wahrheit meine selige Mutter inmitten ihres himmlischen Friedens über mich jauchzen.

Da pochte es leise an die Thür und eine wohlbekannte Stimme fragte:

„Darf ich hinein kommen?"

Es war Mrs. Deering, deren Antlitz sich aufhellte indem sie von einem zum andern blickte. Ohne etwas zu sagen nahm sie Isabel in ihre Arme und küßte sie zärtlich. Dann reichte sie mir die Hand und in ihrem Druck sprach sich freundliche Theilnahme und Beglückwünschung aus.

„Es ist grausam von mir, Euch zu unterbrechen,' sagte sie, nachdem wir uns alle gesetzt hatten — „aber, wißt ihr auch wie lange ich euch allein gelassen habe? Eine Stunde und drei viertel und ich fühlte mich überzeugt, Isabel, daß du schon lange damit fertig wärest deine Amende zu machen. Mr. Godfrey, ich glaube dieses Mädchen fähig eine Herausforderung anzunehmen. Ich würde sie ihrem Muth und Rechtsinn nach für einen Mann halten müssen, hätte sie sich mir nicht als eine so liebe, gute, treue Freundin erwiesen. Dann fürchtete ich aber auch, daß Sie, Mr. Godfrey, fortschlüpfen möchten, ehe ich Ihnen sagen könnte, daß ich um Isabel's Mißverständniß weiß und Ihnen, als Frau, für das danke, was Sie gethan. Und heute Nachmittag sind wir bei Mary Maloney gewesen und haben Ihr Lob ohne Ende vernommen."

„Aber Jane Berry!" rief ich aus, meine Verwirrung zu verbergen; „wo ist sie? Ich muß sie wieder sehen."

„Ich habe in Harlem ein stilles Plätzchen für sie gefunden," sagte Isabel. „Ehe du sie aber siehst, mußt du erfahren, wie ich mit ihr und ihrer Lebensgeschichte bekannt wurde. Nur nicht heute Abend, John; morgen — du wirst doch morgen wiederkommen?"

„Morgen und jeden Tag, bis zu dem Tage, wo ich nicht mehr komme, weil ich nicht mehr gehen werde."

Mrs. Deering lachte und klatschte vergnügt in die Hände. „Ich sehe schon wie es sein wird!" rief sie; „ich werde von jetzt an kein Parlor mehr für mich haben; allein die Zusammenkünfte dürfen nicht länger als zwei Stunden dauern. Nach Ablauf dieser Zeit erscheine ich, die Uhr in der Hand. Und nun, gute Nacht, Mr. Godfrey — gute Nacht und Gott segne Sie!"

Ein rascher, inniger Druck der Hand, und sie schlüpfte fort aus dem Zimmer.

„Sie hat mir alles erzählt," sagte Isabel zu mir, „wir haben die Symphonie gespielt und mit einander darüber geweint. Sie ist etwas schwärmerisch und planlos, allein es ist der Schlag eines brechenden Herzens darin von Anfang bis zu Ende. Du warst ihm ein treuer Freund, John: — welches Unrecht ich dir gethan habe!"

„Ich selber habe mir Unrecht angethan," rief ich; „aber wir wollen davon jetzt schweigen. Meine liebe Isabel — mein liebes Weib im Angesicht des Himmels, sage mir einmal noch, daß du mich liebst und ich werde die Worte im Ohr und im Herzen behalten, bis wir uns wiedersehen!"

Sie legte die Arme um meinen Hals, blickte mir mit ihren großen lieblichen Augen fest ins Gesicht und sagte: „Ich liebe dich — dich allein, jetzt und ewig." Dann Herz an Herz, Lippe an Lippe, flossen unsere Seelen ineinander und dem männlichen Element in mir, gesellte sich das weibliche zu und von da an ward ich erst recht Mann.

„Warte!" flüsterte sie, als ich gehen wollte — „warte, einen Augenblick noch!" Sie glitt aus dem Gemach, kehrte aber sogleich wieder mit einem Stück zerknitterten Papiers in der Hand zurück.

„Da," sagte sie, es mir hinhaltend — „dies trennte uns, dies brachte uns wieder zusammen. Es kann ferner weder schaden noch nützen. Ich verbrenne es und mit ihm das Andenken — unser beiderseitiges — desjenigen Abends an dem es geschrieben ward."

Ich sah es an und las mit unbeschreiblichem Erstaunen die Worte: „Miß Haworth benachrichtigt Mr. Godfrey, daß ihre Bekanntschaft mit ihm aufgehört hat zu existiren."

Es war dasselbe Billet, welches ich an jenem, mir noch deutlich bewußten Abend, erhalten hatte!

„Isabel!" rief ich wie versteinert, „was bedeutet dies?"

Sie lächelte, zündete das Papier an der Gasflamme an, sah zu wie es langsam verbrannte und warf dann das schwarze, zusammengeschrumpfte Phantom in das Kamin.

„Es gehört zur Geschichte," sagte sie;—„morgen sollst du alles erfahren. Jetzt gute Nacht."

XXVIII. Kapitel.
In welchem Jane Berry die Heldin ist.

Auf dem Heimweg, während die Sterne sich zum Reigen schlangen, war mein erster Gedanke der treue Bob. Die Stunde war bereits eine späte für einen Mann von seinen Gewohnheiten, wachend aber oder schlafend, sollte er erfahren, daß Jane Berry aufgefunden sei. Ich ging nach der Bowery und von da nach Stanton-Street einlenkend, eilte ich mit beflügelten Schritten vorwärts und erreichte das Haus athemlos vor freudiger Ungeduld.

Alle waren zu Bette bis auf die Frau das Arbeiters, welche zuerst über den späten Einspruch erschrak. Ich versicherte ihr, daß ich gute Nachricht bringe, borgte ein Licht und ging auf Bob's Stube.

Das Geräusch, welches mein Eintreten verursachte, weckte ihn nicht aus dem gesunden festen Schlaf. Ich stellte das Licht auf den Kaminsims, setzte mich auf die Bettkante und blickte in das mir liebe, rauhe schlichte Antlitz. Die bewußtlosen Züge verriethen in ihrem Ausdruck nichts von Grausamkeit und Arglist: Redlichkeit stand auf der Stirn geschrieben, Aufrichtigkeit auf dem vollen, runzellosen Augenlid und Herzensgüte auf den verschlossenen Lippen. Der Gram seines Herzens nur, den er bei Tage nicht sehen ließ, stieg jetzt an's Licht und machte sein ganzes Gesicht traurig.

Er schien im Schlaf zu fühlen, daß ich ihn so anblickte. Er seufzte und warf seinen Arm über die Bettdecke. Ich ergriff seine Hand, hielt sie fest und rief:

„Bob! Bob!"

Sogleich öffnete er die Augen. „He, John! was giebt's?" rief er, im Bette in die Höhe springend.

„Nichts Schlimmes, Bob. Ich würde dich nicht aus dem Schlafe wecken um schlechter Nachricht willen."

„John, hast du sie gefunden?"

Ich fühlte wie in der Hand, die ich hielt, das Blut hoch und gewaltsam aufpochte und antwortete: „Ja, sie ist gefunden. Ich habe sie nicht gesehen, weiß aber wo sie ist — unter dem besten Schutze, unterstützt vom besten Beistand — einem weit bessern, Bob, als der meinige war."

Er seufzte vor Erleichterung tief auf, während seine Finger unwillkürlich sich um meine Hand preßten. „John, du bist ein guter Freund," sagte er. „Steh' mir noch bei. Du bist gescheidter als ich bin — ich kann, wie du weißt, nur mit den Händen ausdenken. Sage mir was ich thun muß."

„Liebst du sie noch, Bob?"

„Gott weiß es, ja. Wie du mir's gesagt, was sie gethan hat, da hab' ich mir große Mühe gegeben, die Liebe zu ihr los zu werden; aber ich konnte nicht anders, ich mußte Mitleid mit ihr haben, und, siehst du, das baute es gleich wieder auf, was ich auf der andern Seite abgerissen hatte. Da ist nachher aber die Schande, John. Mein Name ist mir so lieb wie einem Jeden und meiner Frau ihr Name ist auch meiner. Falls sie mich noch — noch gern hätte (was noch gar nicht gewiß ist) und ich ihr ihren Fehler verzeihen sollte, muß ich doch auch an die Zukunft denken und wie's kommen möchte. Könnte ich's leiden, daß mit Fingern auf sie gezeigt würde? — Könnte ich's ertragen, daß die Leute über sie sprächen, auch wenn ich nicht hörte? Und nachher — und das ist eben das Härteste — könnte ich Kinder in die Welt bringen, die sich der Mutter schämen müßten? Ich sage dir, mein Kopf thut mir weh davon, so hin und her zu sinnen, um's Richtige heraus zu kriegen. Ich bin nicht hart, das weißt du auch — und könnte ihr dafür vergeben, daß sie blindlings sich zur Sünde hat verleiten lassen, die ein Mann mit offnen Augen thut, wenn's nur mehr Männer gäb', die so dächten wie ich. Aber die Männer sind's eigentlich gar nicht, John; es sind die die Weiber, die sich einander erbarmungslos in Stücke reißen!"

„Nicht alle, Bob!" rief ich; „es ist ein Weib, das sie jetzt beschützt — eins das ihr Leben kennt — und, oh Bob, dieses Weib wird eines Tages, so Gott will, meine Frau sein!"

Ich erzählte ihm nun erst, welches große Glück mir begegnet war. Es schien in der That hart ihm in seinem Herzenskummer meine Glückseligkeit vor Augen zu führen, allein seine gesunde Natur hatte keinen Raum für Neid oder irgend ein anderes Gefühl als das herzlichster Theilnahme.

Aufgemuntert von der hellen Freude, die aus seinem Gesicht blickte, ließ ich meiner Zunge vollen Lauf und wurde in meinem Glücke so selbstsüchtig, daß ich die ganze Nacht fortgesprochen hätte, wenn der Ton einer benachbarten Glocke, die eben Zwölf schlug, mich nicht nicht zum Gehen ermahnt. Der arme Bob hatte sein eigenes verworrenes Geschick außer Acht gelassen, um über meine schöne Lebensverheißung sich mit mir freuen zu können.

Ich brach kurz ab und gab ihm die Antwort auf seine frühere Frage:

„Bob," sagte ich, „ich glaube, daß Jane Berry im Herzen noch unverderbt ist. Auch glaube ich, daß die Ueberzeugung dich verloren zu haben, ihr größter Kummer ist. Was du thun solltest, frage mich aber nicht. Dein eigenes Herz muß das entscheiden, nicht das eines Andern. Sprich zuerst mit ihr; morgen werde ich erfahren wo sie wohnt. Ich werde zu ihr gehen und sie, willigst du ein, auf ein Zusammentreffen mir dir vorbereiten; alsdann handle wie Gott es dir eingiebt. Nun aber muß ich fort: Gute Nacht, du guter alter Trojaner!"

Ich versetzte ihm einen Schlag auf die breiten Schultern, und ehe ich es mich versah, zog er mich mit eiserner Muskelkraft zu sich empor und hielt mich fest, bis sein Herz gleich einer geballten Faust gegen meine Brust hämmerte. Dann ließ er mich los und ich ging hinab, wo ich die Frau des Arbeiters, ein flickerndes Talglicht neben sich und den Kopf ans Geländer gestützt, fest eingeschlafen fand.

Der nächste Tag gab an Inhaltsschwere nur dem vorhergehenden nach. Ich sah Isabel und war meiner mir selbst auferlegten Pflicht getreu. Was zwischen uns vorging, gehört in jenes Heiligthum des Herzens, zu welchem jeder Mann und jedes Weib den ausschließlichen Zutritt sich vorbehält. Sie kannte endlich mein ganzes Leben — nichts Schwaches, Düsteres oder Schmähliches ward ihr vorenthalten. Ich fühlte, daß ich der Himmelsgabe ihrer Liebe nicht mich freuen dürfe, ohne daß sie nicht ein völliges Verständniß meines Wesens besitze. Hätte ich sie damals so gekannt wie jetzt, ich würde gewußt haben, daß ich mit meinen Bekenntnissen nichts wagte — daß ihre Verzeihung bereits in ihrer Liebe enthalten war. Aber ach! Ich hatte Ehen gesehen — und sehe sie noch — in denen Verheimlichung und Feigheit augenfällig sind, in denen wahre Zuneigung sich mit halbem Vertrauen abzufinden sucht. Die Frauen, meine Nebenbrüder, sind stärker als ihr glaubt! Und in eben dem Maaße, als ihr sie mit

Eurem Innern vertraut macht, werden sie fähig sein, Euch nicht allein zu trösten, sondern auch zu schützen!

Während dieser Unterredung erfuhr ich auch den wunderbaren Zufall — Vorsehung möchte ich es lieber nennen — der Isabel und mich wieder zusammenführte. Einzelne kleine Umstände, die in ihrer Erzählung fehlten, lieferte mir späterhin Jane Berry, ich aber gebe sie hier zusammenhängend, wie sie in meinem Gedächtniß leben. Das Ganze schwebt mir so lebhaft und deutlich vor, daß es beinahe ein Theil dessen, was ich selbst erlebt, zu sein scheint.

Nach meinem letzten Zusammensein mit Jane Berry, hatte diese sogleich beschlossen, ein anderes, ihren spärlichen Mitteln angemessenes und so weit als möglich von Gooseberry-Alley entferntes Quartier zu beziehen. Eine der Näherinnen, welche im selben Laden mit ihr beschäftiget gewesen, hatte bessere Arbeit und Lohn bei einer Schneiderin ersten Ranges in der Neunundzwanzigsten-Straße erhalten und mit ihrer Hülfe gelang es Jane am folgenden Morgen ein bescheidenes Stübchen in der Zehnten Avenue zu finden, wobei sie die Aussicht hatte, hin und wieder von jener Schneiderin etwas in Arbeit zu bekommen. Zu diesem Schritt trieb sie der Wunsch an, Mary Maloney von dem Leid, welches die bösen Zungen über sie gebracht, zu befreien und ein unbestimmtes Gefühl, welches ihr rieth, mir aus dem Wege zu gehen. So kam es, daß sie nur noch das Weihnachtsgeschenk, welches sie für mich als Zeichen ihrer Dankbarkeit zurückließ, fertig machte und dann fortging.

Denselben Abend aber, nachdem ich bei ihr gewesen, machte sie eine Entdeckung. Indem sie die Knöpfe an der Weste, die Mary Maloney zu Muster für die neue behalten hatte, ausbesserte, fand sie ein zerknittertes Papier in der einen Tasche. Anscheinend ein Papierschnippel ohne Wichtigkeit, war sie eben im Begriff ihn wegzuwerfen, als ihr Blick meinen Namen darauf entdeckte. Sie las die beiden darauf geschriebenen Zeilen mit ihrem Verstand, so einfach er war, erkannte sogleich einen Bezug zwischen ihnen und den verwegenen Worten, die ich an sie gerichtet hatte. Sie erinnerte sich recht gut, daß ich gesagt, ich liebte Eine, die mir ohne eigene Schuld verloren wäre; diese Eine müsse höchst wahrscheinlich Miß Haworth sein.

Es war natürlich, daß sie, deren Gedanken fortwährend über der eigenen Schande brüteten, sich vorstellen sollte, daß sie die unschuldige Ursache zu meinem Mißgeschick sein möchte. Waren doch unsere Namen von den Bewohnern des Gäßchens in schimpflichen Zusammenhang gebracht worden, und nahm sie an, daß es in New-York sei wie in Hackettstown, so mußte sie vermuthen, daß alle meine Bekannten von dem Gerüchte Kenntniß hatten. Diese Vermuthung machte ihr bittern Kummer und sie beschloß sogleich meinen Ruf auf Kosten des ihrigen wieder herzustellen.

So verhalf ihr die Unkenntniß, die sie von der Welt hatte, die wahre Ursache von Miß Haworths Benehmen zu errathen, während der Umstand, der die eigentliche Veranlassung dazu gab, ein so zufälliger war, daß es mir niemals eingefallen wäre, Miß Haworth aufzusuchen und ihr den Irrthum zu benehmen, war es derjenige Vorsatz, den sie sogleich faßte. Sie sagte zu sich selbst: „Was für ein glücklicher Name! Es ist zum ersten Mal, daß ich ihn höre. Wäre sie Miß Smith oder Miß Brown, ich thäte am besten es aufzugeben; so groß aber New-York ist, bin ich doch überzeugt, Miß Haworth finden zu können!"

Armes Mädchen! ihr Suchen mag wohl recht langwierig und mühselig gewesen sein. Möglicherweise versuchte sie das Adreßbuch, oder ohne daß es ihr hätte helfen können. In dem Arbeitszimmer der Schneiderin installirt, horchte sie, in der Hoffnung den Namen erwähnt zu hören, auf die Gespräche der vornehmen Kunden. Einmal dachte sie, daß er genannt worden wäre und mit vieler Mühe, großer Herzensangst und vielen schlauen Ausflüchten entreckte sie die

Wohnung der Dame, nur um auf der Thürplatte den Namen „Hayward" zu finden! Es ist wunderbar, daß sie mit dem dürftigen, ungenügenden Plan, mit dem sie zu Werke ging, je etwas erzielte, und deßhalb nehme ich auch an, daß ihr endliches Gelingen aus den Händen der Vorsehung kam. Ein Hülfsmittel wenigstens war sie schlau genug genau zu bemerken und davon Gebrauch zu machen. Sie lernte die Namen und Adressen anderer bedeutender Modistinnen im obern Theile der Stadt kennen und suchte sie, eine nach der andern, auf, um in Erfahrung zu bringen, ob eine Miß Haworth sich unter ihren Kunden befände. Es war ein ächt weibliches Auskunftsmittel und brachte, nachdem es mit Geduld ausgebeutet worden, endlich den Lohn mit sich.

Die Art und Weise wie sie die Entdeckung machte, war eigenthümlich, und ich zweifle nicht, daß ich besser begreife wie es zuging, als Jane selbst. Ihre arglose Manier rief höchst wahrscheinlich Verdacht bei den scharfsinnigen Geschäftspersonen, die sie aufsuchte, hervor; man mochte sie für die verschmitzte Emissärin eines rivalisirenden Geschäftes halten, denn ihre Frage ward unfreundlich aufgenommen und sie scharf darüber verhört. Ihre Geduld ward auf eine harte Probe gestellt und die Möglichkeit des Fehlschlages fing eben an in ihr aufzusteigen, als sie eines Tages, Ende März, vom Aushängeschild der „Madame Voise aus Paris" angelockt, schüchtern in die Handlung derselben eintrat und ihre Frage vorbrachte. Madame Voise, welche das Englische mit dem Accent Neu-Englands sprach, hörte ihr mit mißtrauischer Miene zu, stellte ein paar Gegenfragen und entgegnete endlich:

„Ich kenne keine Miß H a y wort."

Dies sagend, drehte sie ein großes leichtes Bündel um, so daß die Adresse desselben nach unten kam. Diese Maßregel entging nicht den Augen Jane Berry's; der Gedanke kam ihr in den Sinn und ließ sich nicht wieder bannen, daß Madame Voise Miß Haworth kenne und das erwähnte Bündel für sie bestimmt sei. Sie verließ das Haus und wartete geduldig an der nächsten Straßenecke bis sie ein Ladenmädchen aus der Thüre kommen sah. Die Richtung wahrnehmend, welche letzteres einschlug, schlich sie sich schnell um die andere Seite des Häuserquadrats herum und begegnete ihr so. Es war ein Leichtes von dem Mädchen zu erkundschaften wohin ihr Auftrag sie führe, und Jane fand nun, daß sie richtig geahnt hatte. Sie erfuhr nicht allein Miß Haworth's Adresse, sondern begleitete auch, um ganz sicher zu sein, das Mädchen bis zur Wohnung selbst.

Erfüllt vom Bewußtsein der auf ihr liegenden Verantwortlichkeit, stahl sie sich am folgenden Morgen von ihrer Arbeit fort, um Isabel aufzusuchen und eine Unterredung mit ihr zu erbitten. Hätte sie nur einen Augenblick über das nachgedacht, was sie im Begriffe stand zu thun, sie wäre vielleicht vor dem schwierigen Unternehmen erschrocken und davon abgestanden; so aber trieb der einfach und unüberlegt verfolgte Zweck sie der Erfüllung geradeswegs entgegen.

Der an der Thür erscheinende Diener verlangte zu wissen was sie wolle und schien nicht geneigt sie bei Miß Haworth zu melden, ließ sie aber zuletzt in der Vorhalle stehen und begab sich zu seiner Herrin. Als Jane diese die Treppe herunterkommen sah, sagte ihr die Farbe der Augen sogleich, daß sie die richtige Dame sein müsse: dies wenigstens war der naive Grund den sie angab.

Isabel sagte: „Sie wollten mich sprechen?"

„Ja, Miß Haworth, Niemand als Sie. Muß ich es Ihnen aber hier sagen? Wird auch Niemand mich hören?"

„Kommen Sie denn hier herein, wenn Ihr Anliegen gar so wichtig ist," erwiderte Isabel, die Thür zum Empfangzimmer öffnend. „Ich entsinne mich indeß nicht Sie gesehen zu haben."

„Nein, Miß, Sie haben mich nie gesehen und ich komme auch nicht um meinet-, sondern um seinetwillen. Verzeihen Sie mir, daß ich von ihm, Ihnen gegenüber spreche, ich muß aber zusehen, daß ich sein Recht bei Ihnen verschaffen kann. Ach, Miß, er ist gut und treu — er hat mich vom Verbrrben errettet und es ist das Allerwenigste was ich für ihn thun kann, wenn ich ihn von bösem Leumund rein wasche!"

„Ihn? Wen denn aber?" rief Isabel im höchsten Erstaunen aus.

„Mr. Godfrey."

Isabel erbleichte beim unerwarteten Klange dieses Namens. Im nächsten Augenblick aber schoß ihr ein Gefühl zornigen Argwohns durch das Herz und sie fragte mit kalter, düsterer Miene: —

„Schickt er Sie zu mir?

„Ach, nein, Miß!" rief Jane in großer Bekümmerniß, während ihr Thränen in die Augen traten. „Er weiß gar nicht wo ich bin. Ich ging fort weil die Leute schwatzten, und je mehr er mir beistand, desto mehr verunehrten seinen Namen deßwegen. Ach, bitte, Miß, sehen sie nicht so böse aus; gehen Sie nicht weg, ehe sie alles gehört haben! Ich werde Ihnen alles sagen. Vielleicht haben Sie's schon gehört und wissen's was ich gewesen bin; ich will Ihren Tadel gern ertragen — ich will alles ertragen, wenn Sie nur warten und die Wahrheit hören wollen!"

Sie fiel auf ihre Kniee und faltete die Hände. Ihr heftiges, bringendes Bitten zwang Isabel sie anzuhören, obschon ihr Argwohn noch keineswegs beschwichtigt war.

„Wer veranlaßte Sie zu mir zu kommen?" fragte sie. „Wer sagte Ihnen, daß ich Mr. Godfrey gekannt habe?"

„Nicht er, Miß — oh, er nicht! Ich habe es ohne sein Wissen gefunden. Wie ich sah, daß er gar nicht recht bei Sinnen war — er war so ganz außer sich und sagte, daß er von einer getrennt wäre die er lieb hätte und ohne eigene Schuld und es wär' ihm einerlei, was aus ihm würde — und wie ich dann gar das hier (das Billet vorzeigend) fand und Ihren Namen darauf sah, da errieth ich's, daß Sie diejenige waren, von der er gesprochen hatte. Und dann hab' ich bei mir selber beschlossen, daß ich zu Ihnen gehen und ihn von den bösen Nachsagen reinigen wollte — denn wahrlich, Miß, sie sind nicht war!"

Jane's unzusammenhängende, halb unverständliche Mittheilungen — der Anblick des Billets — die Wahrheit, welche sich augenscheinlich im Benehmen des Mädchens ausspracht — bewegten das Herz Isabel's auf die eigenthümlichste Art und Weise. Sie hob jene vom Boden auf, führte sie zu einem Stuhl, setzte sich zu ihr und sagte:

„Ich werde alles anhören, was Sie mir zu sagen haben. Versuchen Sie ruhig zu werden und deutlich zu reden, denn Sie dürfen nicht vergessen, daß ich nichts von allem diesm weiß. Sagen Sie mir zuerst, wie Sie heißen."

„Ich heiße Jane Berry, das Mädchen, welches es in der Nacht, in welcher das Feuer ausbrach, rettete."

„Waren Sie eines Abends mit ihm auf Washington Square?"

„Ja!" rief Jane lebhaft aus. „Das war damals, da ich ihm mein ganzes Schicksal erzählte, und wie es kam, daß ich dort war, wo er mich fand. Und jetzt muß ich es Ihnen auch erzählen, Miß. Wenn Sie meinen sollten, daß es nicht für es anzuhören, so werden Sie mir verzeihen, wenn Sie daran denken, was es mich kosten muß, es auszusprechen."

„Erzählen Sie."

Hierauf wiederholte Jane unter vielen Absätzen und Ausbrüchen schamvoller, selbstanklagender Reue ihr traurige Geschichte. Natürlicherweise behielt sie das aus meinem letzten Zusammentreffen mit ihr für sich, was ein ungünstiges Licht auf mich hätte werfen mögen. Isabel sah in mir nur den tugendhaften Beschützer, den sie so grausam verkannt hatte. Jane's Erzählung war so grabsinnig und umständlich, daß es unmöglich war, an der Wahrheit derselben zu zweifeln.

Mitleid mit dem unglücklichen Mädchen und der Vorwurf, so vorschnell und falsch geurtheilt zu haben, mischten sich in Isabels Innerm mit dem Tagen einer sanften, schönen Hoffnung.

„Jane Berry," sagte sie, nachdem alle einzelnen Umstände erklärt waren, „Sie haben sowohl eine gute, als auch eine heldenmüthige Handlung vollbracht, indem Sie zu mir kamen. Ich verspreche Ihnen, daß ich Mr. Godfrey meine Ungerechtigkeit abbitten werde. Sie müssen mich als Ihre Beschützerin betrachten und mir erlauben, in Ihrem Bestreben, alles wieder gut zu machen, Ihnen zu helfen und Beistand zu leisten. Ich werde Mr. Godfrey's Stelle einnehmen, sie gehört ohnehin einem weiblichen Wesen."

Jane zerfloß in Thränen des Dankes. Isabel, welche fühlte, daß jener die Freude zukomme, mir gegenüber der Gerechtigkeitsbote zu sein, schrieb ein Billet, dem ähnlich, das mich zu ihr zurückgerufen hatte, und übergab es Jane zur Beförderung. Die Botschaft blieb erfolglos, weil ich zu jener Zeit aus Mrs. De Peyster's Wohnung schimpflich verbannt und mein elender Zufluchtsort in Crosby-Street Niemand bekannt war.

Die verhängnißvolle Unterredung war vorüber und eben verließ Jane, das kostbare Billet in den Händen, das Gemach, als die Hausthüre geöffnet ward und Mr. Tracy Floyd hereintrat. Isabel, die Jane gefolgt war, sah wie diese letztere, einen lauten, schreckerfüllten Schrei ausstoßend, und mit bleichen entstellten Zügen und zitternden Gliedern fast ohnmächtig zu Boden fiel.

„Zum Teufel! Das ist eine schöne Bescheerung!" rief Mr. Floyd mit einem Ausdruck der Versteinerung in den abgelebten Zügen. Isabel wahrnehmend, lief er unter leisen Flüchen die Treppe hinauf.

„Ach, Miß!" stieß Jane athemlos aus, indem sie sich an einen Stuhl klammerte und sich zu den Füßen jener hinschleppte —„liebe, gute Miß Haworth, lassen sie diesen Mann nicht über Ihre Schwelle kommen! Ach! versichern Sie mir, daß Sie ihn nicht heirathen wollen! Er ist es, von dem ich Ihnen gesagt habe! Niemals habe ich ihn einer lebenden Seele genannt, Sie aber müssen es wissen, um Ihrer selbst willen. Vielleicht wird er's leugnen — denn er hat mir vorgelogen und würd's auch gegen Sie thun — aber, sehen Sie, ich rufe Gott zum Zeugen auf, daß er mich diese Minute todt hinstrecken soll, wenn ich Ihnen auch nur ein unwahres Wort gesagt habe!"

Sie hielt die Rechte schwörend empor indem sie diese Worte aussprach; für Isabel aber that dieser feierliche Schwur nicht noth. Ihrer reinen, stolzen Seele schauderte vor der schimpflichen Beziehung zu diesem Menschen und ein noch schmerzlicherer Vorwurf durchzuckte ihr Herz beim Gedanken, daß seine Einflüsterungen in Bezug auf mich — die jetzt doppelt schändlich erschienen — sie dazu veranlaßt hatten mich so vorschnell zu verurtheilen.

Ich darf jetzt annehmen, daß Mr. Tracy Floyd einer jener vornehmen Nachtschwärmer war, auf die ich in Houston-Street am Abend der Feuersbrunst stieß und mich erkannte und beobachtete, wie ich Jane Berry nach Gooseberry-Alley brachte. Vielleicht daß er nachmals noch meinen dortigen Besuchen auflauerte. Ob er auch Jane Berry erkannt hatte, läßt sich nicht behaupten. — Anstatt sie zu vergrößern, ist es besser, die Schändlichkeit dieser Classe von Leuten zu verringern und wir gönnen ihm daher den Vortheil der Ungewißheit, die über diesem Umstand schwebt.

Isabel verweilte nur so lange noch im Hause ihres Stiefvaters, bis sie einen sichern Zufluchtsort für Jane Berry gefunden hatte. Die Furcht der letztern war durch das Zusammentreffen mit ihrem Verführer so erregt worden, daß sie bat, man möge sie so weit als möglich vom belebten Mittelpunkte der Stadt weggehen lassen und mit Freuden den Vorschlag aufgriff, bei einer einfachen, redlichen Familie in Harlem Logis und Kost zu nehmen. Nachdem diese Pflicht erfüllt war, reiste Isabel, die in Allem, was mit ihren Empfindungen zusammenhing, dem Drang des Herzens folgte, unverzüglich nach Boston ab, mit dem festen Entschlusse, nie in das Haus ihres Stiefvaters zurückzukehren, so lange sein Sohn einer der Hausgenossen wäre.

Ich verlor keinen Augenblick um Jane Berry aufzusuchen. Sie hatte natürlich von Allem, was vorgefallen, noch nichts gehört und daher war ihre Ueberraschung über mein plötzliches Erscheinen äußerst groß. Die lebhafte Freude, die sich auf ihrem Gesichte malte, sagte mir, was ihr im Sinne lag und bald sich über ihre Lippen Bahn brechen werde; ich aber konnte der Versuchung nicht widerstehen, ihr durch eine noch freudigere Botschaft vorzugreifen.

„Jane," sagte ich, „Sie sind es, die mich gerettet hat! Ich habe Isabel Haworth gesehen und sie hat das Billet verbrannt, welches Sie in meiner Westentasche gefunden haben! — verbrannt vor meinen Augen, Jane, und dabei mir versprochen eines Tages ein anderes zu schreiben und es ‚Isabel Godfrey‚ zu unterzeichnen!"

„Ach, ist es denn wahr, Mr. Godfrey? Dann kann ich wieder froh werden — ich habe nun wenigstens etwas Gutes gethan!"

„Sie sind gut, Jane. Wir werden Ihnen stets Freunde bleiben. Seien Sie eben so beharrlich in Ihrem Vorsatz ein rechtschaffenes Leben zu führen, wie Sie es in Ihrem Bemühen mir zu helfen gewesen 'nd siund Sie werden nicht allein Ihren Fehler wieder gut machen, sondern auch den Schmerz desselben überwinden."

„Nein — ach, nein!" seufzte sie. „Ich habe sagen hören, daß die Thorheit eines Augenblicks ein ganzes Leben verkümmern kann, und das ist wahr. Ich habe probirt für mich selber zu denken — was ich früher nie gethan habe — und wenn ich auch nicht alles in Worten wiedergeben kann, so ist es doch da (ihr Herz berührend) und ich verstehe es."

Ich dachte an Bob und fühlte, daß ich die wundeste Stelle ihres Innern sondiren müsse, ohne die Gewißheit sie heilen zu können. Aber Bob's wegen mußte es geschehen.

„Jane," hob ich an, „ich bin Jemand begegnet, den Sie kennen — der Sie geliebt hat, und noch liebt. Jane, er ist mein theuerster Freund, mein alter Schulkamerad und Gespiele, der mich letzthin, da ich ein elender Abenteurer war, auf der Straße fand und mir aufgeholfen hat. Als Sie Hackettstown verließen, ist er Ihnen nachgefolgt und hat seitdem Sie fortwährend gesucht. Möchten Sie ihn sehen?"

Ich sah an ihrer wechselnden Farbe und der unwillkürlich krampfhaften Bewegung ihrer Hände, daß nach der ersten Ueberraschung, welche die Nachricht ihr verursachte, ein schmerzlicher Kampf der Gefühle in ihr entbrannte.

„Weiß er es?" — flüsterte sie.

„Er weiß alles, und so wie es der Gram Ihres Lebens ist, so ist es der Gram des seinigen. Er läßt Ihnen aber sagen, daß er sich Ihnen nicht aufdringen will. Sie müssen bei sich selbst entscheiden, ob er kommen soll oder nicht."

„Nicht jetzt — jetzt nicht!" rief sie. „Wenn ich hinter einem Fenstergitter wäre und ihn vorbei gehen sähe, so würde es wohl ein Trost für mich sein — aber ich sollte selbst soviel nicht wünschen. Halten Sie mich nicht für gefühllos, Mr. Godfrey, oder undankbar dafür, daß er meiner gedenkt, wozu ich doch kein Recht habe; aber, wahrlich, ich darf ihn jetzt nicht sehen. Vielleicht daß einmal noch eine Zeit kommt — ich weiß aber nicht — es ist am besten kein Versprechen zu machen. Ich schaff' mir vielleicht durch meine Arbeit 'nen guten Namen; die Leute vergessen's vielleicht wieder, wenn sie 'was Uebles von mir gehört haben sollten — er aber kann's nicht vergessen. Sagen Sie ihm, daß ich ihm von Herzen danken ließe und jeden Abend auf meinen Knieen für ihn beten wollte. Sagen Sie ihm, daß ich's jetzt weiß, wo's zu spät ist, wie gut und treu er sei, und daß ich ihm seine Liebe auf die einzige Weise erwidern wolle, in der ich es darf — indem ich ihn schütze vor seinem großmüthigen Herzen!"

Ich mußte seufzen wie ich sah, daß die beffere Natur des Mädchens sich aus den Trümmern ihres Lebens an's Licht gerungen hatte, und daß sie wirklich der Liebe eines redlichen Mannes würdig war, weil der Kampf ihres Innern sich dahin entschied, die Hoffnung auf jene für immer aufzugeben. Allein ich durfte nicht versuchen ihrem Entschluß entgegen zu treten ohne das Schuldbewußtsein zu schwächen, welches die Basis ihres erwachten Gewissens, das Lebensprincip der zurückkehrenden Tugend ausmachte. Es war das Beste, sie für's Erste wenigstens sich selbst zu überlassen.

In meinem Erstaunen, und auch zu meiner Erleichterung — stimmte Bob sehr bereitwillig in ihre Entscheidung ein.

„'S ist ungefähr was ich mir gedacht habe," sagte er, „und ich halt' nur um so mehr von ihr. Unter uns gesagt, John, wenn sie gar zu willig gewesen wär', mich zu seh'n, da hätt's kein gutes Zeichen geschienen, und möcht' sein, ich wär' zurückgetreten. Du weißt was ich dich gefragt habe? Ich hab's wieder überlegt und diesmal ist's schon klarer. Warten muß ich und Geduld haben, Gott weiß wie lang, er aber läßt sich in seinen Wegen nicht treiben. Ich muß zufrieden damit sein, daß ich sie in guten Händen weiß, und immer etwas von ihr erfahren kann. Und vielleicht kommt dann 'n Tag, wo mein Anblick ihr weniger weh thut als jetzt, und mir's leichter wird das Vergangne zu vergessen."

Bob beugte sich seinem Schicksal wie ein starker Ochse sich dem Joche beugt. Nichts hatte sich in seinem Leben geändert: er war noch immer der fleißige, ordentliche Werkführer, der Aussicht hatte in ein oder zwei Jahren Meister zu werden, den seine Untergebenen achteten, sein Arbeitgeber mit Vertrauen ehrte und der von einem seiner Nebenmenschen wenigstens mit brüderlicher Zuneigung geliebt ward. Seine Hände mochten einen unbedeutendern Pfad für ihn in der Welt auswirken, als mein Kopf mir verschaffte, sie aber rissen Schlingen nieder und überbrückten Fallgruben, denen mein Verstand nur durch lange mühselige moralische Umschweife zu entgehen vermochte. Wir waren für unser beiderseitiges Leben doch nicht so verschiedenartig ausgerüstet, als es meinen kindischen Augen einst erscheinen wollte.

XXXIX. Kapitel.

In welchem ich unerwarteterweise einen Brief von Oheim Woolley erhalte.

Hatte es je einen solchen Sommer auf Erden gegeben? Hatte jemals so lieblich, so glanzerfüllt, so unmerklich im Uebergang die zarte Beschattung der Bäume sich zur vollen Schattenwölbung gedunkelt, die Knospe zur Blüthe sich entfaltet, der Mai dem Juni entgegen gereift? Nie wenigstens hatte ich ein solches Diamantgefunkel auf den Wogen im Hafen gesehen, wenn ich morgens meinen Gang nach der Battery machte, oder ein so warmes Glühen von der untergehenden Sonne über Union-Square, wenn ich von Zusammenkünften zurückkehrte, die mir lieber und heilbringender wurden mit jedem Mal. Selbst die bevorstehende Trennung vermochte der Jahreszeit nicht ihre Pracht und Herrlichkeit zu rauben: einen Tag nach dem andern schien die Sonne, wehten die Lüfte und die frisch-grünen Blätter säuselten den ewigen Refrain: — Freuet, freuet, freuet, freuet Euch!"

Und Tag für Tag erkannte ich wahrer und inniger das Gemüth Isabel's. Es schien in der That, als habe ich nie zuvor das Weib in jenem schönen Einklang gekannt, welcher die anscheinenden Widersprüche verbindet und mit einander aussöhnt, so daß Muth neben Zaghaftigkeit, gebieterische Forderung neben verschwenderischer Hingabe, Unschuld neben Weltkenntniß bestehen kann. Die sittlichen Räthsel, die mir den Sinn verwirrt hatten, fanden in ihr die natürliche Lösung, und sie wurde mit einemmal zu meinem schirmenden und verzeihenden Gewissen. Ich glaubte damals, daß sie mich in allem übertreffe: ihr echteres Gefühl aber war nur das Vorbild meiner reifern Entwickelung. Die Liebe kann selten ohne inneres Gleichgewicht bestehen, und ich weiß aus Erfahrung — und bin dankbar dafür — daß ich ebensowohl ihr Helfer und ihre Stütze bin, als sie die meinige.

Zu meinem Glücke war sie kein mit Genie begabtes Weib, welches über meinen Ehrgeiz das Uebergewicht gehabt, oder ihn nach ihrem Willen gelenkt hätte. Solche mögen sich mit den Sanftmüthigen, Nachgiebigen, Bescheidenen unseres Geschlechts verbinden, die ihnen jene Ruhe zugesellen, welche die begehrliche Ergänzung der rastlosen Geistesart ist. Der Genius ist von Zwitternatur, indem er ein männliches Element dem Weibe und ein weibliches dem Manne hinzufügt. In Isabel waren das strenge Rechtsgefühl, und die edle Furchtlosigkeit, mit der sie den Eingebungen desselben folgte, die echten Abzeichen ihres Geschlechts, und sie machten ihre weibliche Milde nur um so trefflicher und lieblicher. Ihre ausgezeichnete Bildung verlieh ihr eine sichtlich schöne und feste Ruhe des Gemüths und ein klares Urtheil, welche die frische, jungfräuliche Lauterkeit ihrer Gefühle nicht trübten, sondern schirmten. Verglich ich die innig heiße Liebe, in der ich lebte und webte und mein Dasein hatte, mit der oberflächlichen Empfindung für Amande, so verschwand das sentimentale Gespenst der Unbeständigkeit, das mich beunruhigt hatte, ganz und gar. Jetzt zum erstenmal wußte ich was Lieben heißt.

Ich habe gesagt, daß eine Trennung bevorstand. Isabel sollte, wie gewöhnlich, den Sommer auf dem Lande zubringen, und diesmal den größern Theil desselben auf Sachem's Head, bei Mrs. Deering, was mir einen flüchtigen Besuch hin und wieder möglich machte. Isabel's Mutter hatte in ihrem Testament den Wunsch — er war nicht als Gebot aufgestellt — ausgedrückt, daß sie nicht vor ihrem ein und zwanzigsten Jahre sich verheirathe. Bis dahin befand sich ihr Vermögen in den Händen von Curatoren, deren einer Mr. Floyd war, und von ihrem achtzehnten Jahre an gehörte ihr das jährliche Einkommen. Bisher hatte ihr Stiefvater es in ihrem Namen bezogen, und sie ihn die größere Hälfte davon zu seinen Privatspekulationen gebrauchen lassen. Seine Zustimmung zu ihrer Heirath stand natürlich nicht zu erwarten, und so entschied sie sich ihre Verlobung nicht vor dem kommenden October, wo sie in Besitz ihres Vermögens kommen ollte, laut werden zu lassen.

Wir besprachen diese prosaischen Angelegenheiten — doch sei es gesagt, nicht während der zweiten, ja nicht einmal während der zehnten Zusammenkunft — und ich hatte ihr eben gestanden, wie sehr ihr Heirathgut mir das Gemüth beunruhigt, als sie mich scherzhaft fragte:

„Was für einen Umfang hatte denn eigentlich dieser schreckliche Popanz? Deinem Bangen und der großen Begierde etlicher Anderer nach zu urtheilen, sollte man meinen, daß Millionen in Frage kämen. Sag' mir aufrichtig, wie hoch schlägt man mich an?"

„Genau weiß ich das nicht," versetzte ich; „Penrose meinte, einige hundert Tausende!"

„Penrose!" Sie hielt inne und in ihrer Miene sprach sich Enttäuschung aus. „Ich wollte daß er das nicht gesagt hätte. Ich hielt ihn nicht für egoistisch — in dieser Beziehung nämlich. Es steckt ein spöttischer Geist in ihm, der mich abstößt; zuletzt aber habe ich doch noble Eigenschaften an ihm erkannt. Hätte er mich gewähren lassen, ich hätte ihn als einen Freund ansehen und als solchen ehren können. Um aber auf die Hauptsache zurückzukommen, so hatte er unrecht, und dein Kummer hätte zu zwei Dritteln oder gar drei Vierteln nicht so groß zu sein brauchen. Ich bin keine Erbin wie man sie in Romanen findet."

„Desto besser!" rief ich aus. „Auch bist du nicht die feine Dame, von der man in Romanen liest: — ‚in Atlasglanz und Perlenschimmer.'"

„Du mußt die Wahrheit erfahren, John. Mein Vermögen besteht nur aus achtzig tausend Thalern, welches in New-York, so viel ich weiß, für nicht mehr als ein anständiges Schutzmittel gegen Dürftigkeit angesehen wird. Da ich noch nie den Besitz meines Gutes genossen habe, so kommt es mir beinahe vor, als existire es gar nicht. Den zehnten Theil davon, wenn ich ihn selbst verdient hätte, würde ich bei weitem höher schätzen können, und dies ist theilweise der Grund, warum ich so bereitwillig der trotzigen Unabhängigkeit, in der du dich von mir erhalten willst, nachgebe. Ich kann dein Gefühl in dieser Hinsicht verstehen, weil es ebenfalls das meinige ist."

Es war mir in der That eine große Beruhigung, daß das Mißverhältniß zwischen unsern Lebensgütern um so viel geringer war — obwohl, was das betraf, achtzig Tausend ebenso unerreichbar für mich schienen, als acht hundert Tausend. Alles, wonach ich trachten konnte, bestand in der systematischen Verfolgung der unablässigen, mäßig sich bezahlt machenden Arbeit, der ich mich hingegeben hatte, und der Aussicht auf die allmälige Verbesserung, welche jene versprach. Ich sollte wenigstens nicht müssig von Isabel's Mitteln leben. Diese Gewißheit verlieh mir neue Stärke, flößte Leben in die Verrichtung meiner monotonen Berufspflichten und machte meine Dienstleistungen, wie ich bald entdeckte, zu bedeutend werthvolleren, denen der erhöhte Lohn nachfolgte.

Unsere Trennung war der Anfang eines Briefwechsels, in welchem wir uns durch gegenseitige Sehnsucht und die aus ihr hervorgehenden tiefern Gefühle nur noch näher traten. Unserer Briefe waren viele und lange, die manchmal von den kurzen, aber köstlichen Besuchen unterbrochen wurden, welche ich in aller Stille Sonntags neben dem blauen Gewässer abstattete, und bei denen Mrs. Deering es einzurichten wußte, daß wir, soweit die Grenzen des Anstands es nur erlauben wollten, mit einander allein blieben. Auf diese Weise verstrich der wunderschöne Sommer, ohne die Verheißung, die er im Anfang mit sich brachte, ein einziges Mal verrathen zu haben.

Es war am 9. September — ich erinnere mich dessen genau, weil gerade in einem Monat von dem Tag an Isabel alleinige Herrin ihres Vermögens werden sollte — da ich, zur gewohnten Stunde im Büreau des Wunders erscheinend, einen großen, ungeschickt aussehenden Brief auf meinem Pulte vorfand. Das Postzeichen war Reading, und in der Zusammenstellung der Worte „Mr. John Godfrey" — glaubte ich die gedrängte, schwerfällige Hand meines Oheims zu erkennen. Gewissermaßen neugierig, die Veranlassung zu dieser unerwarteten Epistel kennen zu lernen, las ich wie folgt: —

„Reading, Berks Co., Penn'a,
September den 7. 185-.

„Wohlgb. Neffe, — Ich nehme die Feder zur Hand, um dir zu wissen zu thun, daß ich und deine Tante Peggy in guter Gesundheit sind und uns der Segnungen erfreuen, welche der Herr uns in seiner Gnade verliehen hat. Es ist lange her, seitdem wir nichts von dir gehört haben, nehmen aber an, daß du noch in dem nämlichen Geschäft bist wie früherhin, und adressire demgemäß, hoffend, diese wenigen Zeilen mögen richtig dir zu Händen kommen.

„Es ist ein guter Sommer für die Ernte gewesen. Das Gras ist gewachsen für das Vieh und Saat zu Nutz den Menschen (Psalt. 104, 14), und der Markt ist gut mit Butter versorgt. Die Preise werden heruntergekommen, aber ich hoffe du hast gefunden, daß Gut nicht hilft am Tag des Zorns (Sprüche Salm. 11, 4). Mein Geschäft hat sich erweitert und ich habe Ursache dankbar zu sein, daß ich soweit den Stricken entgangen bin die gelegt waren in die Erde und den Fallen auf meinen Gang (Hiob 18, 10). Obgleich ich umstellt war, bin ich doch, Gott sei gelobt, glücklich entkommen.

„Und das ist die Ursache, warum ich diese wenigen Zeilen an dich richte. Ich könnte zu dir sagen: richte nicht, auf daß du nicht gerichtet werdest (Matth. 7, 1), wenn ich nicht fürchtete, daß deine Ohren in Halsstarrigkeit verschlossen sind. Ich könnte dich anklagen als einen, der ansiehet die Gestalt (1. Samuel. 16, 7), ich aber will dein Benehmen gegen einen, der dir verwandt ist, nicht nachahmen. Jeder Tag hat seine eigene Plage, und da ein Jegliches hat seine Zeit (Predg. 3, 1), so hoffe ich die Zeit deiner Anerkennung ist herbeigekommen. Ich habe auf meine Rechtfertigung gebarrt. Eine lange Zeit hat es dir vielleicht geschienen, denn du warst voreilig Arges zu muthmaßen. Mir aber ist die Zeit noch länger geworden, weil ich deinen Argwohn zu tragen hatte. Es ist nicht tauglich voreilig zu sein, oder im Aufbrausen des sündigen Herzens zu reden. Für deine Tante Peggy ist es eine schwere Heimsuchung gewesen, die an mir billigerweise hätte vorübergehen müssen.

„Ihre Schlingen sind vereitelt worden, und ich sehe mich endlich im Stande zu Gelde zu machen — was, da die Eisenbahn verlegt ist, wie du vermutblich aus der Zeitung erfahren hast, die gerechte Strafe ist, indem es zeigt, daß die Anschläge der Gottlosen sind Trügerei (Sprüche Salm. 12, 5). Und du wirst nun sehen, so wenig du's auch damals glauben wolltest, daß sechshundertfältig noch unter dem Zielpunkt war, und obgleich ich dir nicht mehr versprochen habe, will ich doch rechtschaffen handeln und es gleichen Theil sein lassen bis auf den letzten Heller. Ich hab an jenem Abend den Herrn auf gebeugten Knieen angefleht, daß er mein Wort wahr werden und mich nicht in Demüthigung verbleiben lasse, aber mehr als zwei Jahre sind verlaufen, bevor er es hat geschehen lassen, worauf ich nicht gerechnet habe, was aber nun um so besser ist. Die neue Messung fand vor mehr als einem Jahr statt, die Käufer aber fanden sich nach der abermaligen Verlegung nicht ein, bis ein paar Einschnitte und Ueberbrückungen gemacht worden waren. Außerdem gingen auch die Andern umher und verschrieen die Bahn vor lauter Aerger und Verdruß, was Einfluß auf den Absatz hatte, und da wollt ich's nicht zu Gelde machen bis die Sache richtig war. Du siehst jetzt, daß es nicht noth that mich der Unredlichkeit zu verdächtigen und Zank im Hausholt zu erzeugen. Denn wo Zank ist, da ist Unordnung und eitel böse Dinge (Jakobi 3, 16), und du hast damals von deiner eigenen Meinung zu viel gehalten, aber vor Menschen sich scheuen, bringet zu Fall; wer sich auf den Herrn verläßt, wird beschützt (Sprüche Salm. 29, 25).

„Ich schreibe dir diese wenigen Zeilen dich zu benachrichtigen, daß, wie gesagt, nun alles in Richtigkeit ist und deinen eignen Händen übergeben werden kann, sobald du es wünschest. Ich mahne dich daran, daß eine Quittung für das Ganze noth thut zur Rechtfertigung meines Namens, obgleich ich nichts vernommen habe von üblen Nachreden, die nach der Art und Weise wie du von meinem Hause fortgingst, zu erwarten standen. Deine Tante trägt mir auf zu sagen, daß zwischen Verwandten gewisse Dinge sich zurücknehmen lassen, und dieses sollte keine Sache sein, die vor Gericht zu schwer wäre zwischen Blut und Blut (5 Moses 17, 8). Deshalb steht es bei dir auf welchem Fuß wir stehen sollen. Ich will nichts nachtragen für vergangne Unbill, hoffe aber, daß du die geringe Wahrheit anerkennen und auch noch dahin kommen wirst, die größere anzunehmen.

„Wenn du bald kommst, so laß es mich zuvor wissen, daß alles bereit ist. Deine Tante sagt, die Gastkammer im zweiten Stock, wenn er sie haben will, was ich meinerseits wiederhole — obgleich das Haus wegen Zurückziehens vom Geschäft verkauft ist, sind wir dennoch nicht ausgezogen. Unsere Gemeinde hat den Segen einer großen Erwachung des Geistes und Zuwachs an Mitgliedern erfahren und im Frühjahr gedenken wir eine große Kirche zu erbauen. Das Bugsiren ist im Zunehmen, die Häuser entstehen merkwürdig schnell und die Geschäfte gehen immer besser. Himpel lebt gedeihlich indem man ihn als einen rechtschaffnen, gottesfürchtigen Menschen ansieht, und die Pfunde, die ich in seinen Händen lasse, da ich ein stiller Theilnehmer bleibe, wird er nicht im Schweißtuch behalten.

„In der Hoffnung, daß diese wenigen Zeilen dir richtig zu Händen kommen und dich in guter Gesundheit antreffen, und auf eine Antwort wartend, ob du kommst, schließt für jetzt
Dein Oheim, wenn's so beliebt,
Amos Woolley."

Zwei Dinge stellten sich aus dieser etwas verwirrten Epistel heraus: — daß die gewagte Spekulation meines Oheims mit Kohlenländereien sich zuletzt bezahlt gemacht und er bereit war, meinen Antheil am Kapital und dem daraus bezogenen Gewinn herauszugeben; und zweitens, daß meine Anschuldigungen empfindlich auf ihm gelastet hatten und er eine Aussöhnung wünschte. Während der beiden ereignißvollen Jahre, die seit meinem letzten Besuch in Reading verflossen, war die Sache mir beinahe ganz entfallen. Ich hatte mein kleines Erbe als verloren aufgegeben und ließ es mir nicht träumen, daß ich es einstmals zurückerhalten möchte. Meine eigene Erfahrung hatte unterdessen mich zu einem milderen Urtheil über die unbefugte Verwendung, welche mein Oheim mit meinem Gelde gemacht hatte, bestimmt, worin ich mich jetzt, wo seine Spekulation gelungen war, noch ganz besonders bestärkt fühlte. Der glückliche Erfolg einer Sache übt eine ganz wunderbare moralische Wirkung aus. Auch konnte ich mir denken, wie meine Worte ihn im stolzen Selbstgefühl seiner eignen Rechtschaffenheit verwundet hatten — wie sie ihm immer wieder in den Sinn kamen und ihn niederdrückten wenn er gern sich über Andere erhoben hätte, und so zum beständigen Gewissensstachel wurden.

Blicke ich auf die in Reading verlebte Zeit zurück, so war ich überdies im Stande sein Wesen besser zu verstehen. Ich sah, daß er es aufrichtig meinte, und die anscheinende Heuchelei nur das Ergebniß seiner Unwissenheit und Beschränktheit war. Er besaß nicht Verstand genug um freisinnig zu denken, noch sittliche Kraft genug, um sich in seinem Thun gleich zu bleiben. Er glaubte unzweifelhaft in den meisten Fällen seines Lebens recht zu handeln, und hatte er dieses eine Mal einer starken Versuchung nachgegeben, so war seine schließliche Absicht doch eine ehrliche. Ich war gern bereit zuzugeben, daß er niemals mich zu betrügen gedachte, ja, daß er sich sogar in Unwissenheit darüber befand, daß seine Handlungsweise als betrügerische ausgelegt werden konnte.

Am selben Tage noch schickte ich die folgende Antwort ab: —
Lieber Oheim!
„Die in deinem Brief vom 7. d. Mts. enthaltene Nachricht kam höchst unerwartet, ist mir aber sowohl beinet- als meinetwegen eine sehr willkommene. Während ich nie immer die Meinung hege, daß die Anlegung meines kleinen Erbes mir selbst hätte überlassen bleiben sollen, spreche ich dich gern von jeder Absicht, mir Unrecht zuzufügen, frei, und werde mich, als Beweis, daß ich dir nichts nachtrage, sondern bereit bin meine voreiligen Anklagen gegen dich

zurückzunehmen, bei meinem Besuch in Reading deiner gastfreundlichen Einladung bedienen. Du kannst mich binnen vier bis fünf Tagen erwarten.

„Alle anderen Mittheilungen bis zum Wiedersehen aufsparend, unterzeichnet sich mit freundlichen Grüßen an Tante Peggy,
Dein Neffe
John Godfrey."

Mr. Clarendon, der sich wieder auf das Väterlichste für mich interessirte und dem ich vieles von meinem frühern Leben anvertraut hatte, fand sich höchst bereitwillig meinen Wünschen nachzukommen. Ich blieb nur noch lang genug um an Isabel zu schreiben und Bob Simmons zu sagen, daß er den nächsten Sonntag Abend anderswo denn in meiner Mansardenstube in Hester-Street zubringen müsse. Dann begab ich mich über Philadelphia nach Reading.

Ein Unfall welcher unterwegs stattfand, verspätete den Abendzug dermaßen, daß ich erst zwischen neun und zehn Uhr anlangte. Da ich wußte, mein Oheim befinde sich bereits im Bette, begab ich mich nach dem „Mansion House" und nahm dort Nachtquartier. Der Wirth führte mich in ein enges Zimmer, welches nur so lange für Ruhe und Abgeschlossenheit geeignet war, als die anstoßenden Zimmer leer standen. Eines dieser letztern stand durch eine Thür mit dem meinigen in Verbindung, welche, obwohl verschlossen, oben und unten so zusammengezogen war, daß sie kein Geräusch abhielt. Ich war ermüdet von der Reise und erregt von Erinnerungen die sich mir beim Wiedersehen des bekannten Ortes aufdrängten. Ich warf mich daher sogleich auf das Bett, und da ich nicht schlafen konnte, lag ich und dachte über die Veränderungen, welche die vergangenen zwei bis drei Jahre mir gebracht hatten, nach.

Eine halbe Stunde mochte so verstrichen sein, als Schritte und ein Rauschen an meiner Thür vorbei kamen, ein Schlüssel umgedreht ward und ich dasselbe Geräusch im anstoßenden Zimmer vernahm.

„Mach' das Fenster auf — ich will meine Kleider nicht eingeräuchert haben!" rief eine Stimme, welche mir auf die Nerven fiel.

„Du warst doch früher nicht so verdammt genau," lautete die brutale Antwort. Und nun erkannte ich das Paar.

„Nun, diesem schadet's nicht soviel: ich werde es doch nicht wieder tragen," sagte sie in bitterm, grollendem Ton. „Ich habe Ihnen schon gesagt, Mr. Rand, daß ich daran gewöhnt bin, stets Geld zu haben wenn ich es brauche — und ich brauche es jetzt. Sie haben Pa' um genug betrogen, um mich mein ganzes Lebenlang reichlich mit Kleidern zu versehen, und Sie müssen das gegen mich wieder gut machen."

„Wo in des Teufels Namen soll ich's hernehmen?" rief er mit kurzem, rohem Gelächter.

„Das weiß ich nicht und frage auch nicht danach. Du und Mulford habt Euch höchst bereit gefunden alles in des alten Wooley's Tasche zu stecken. Wenn du aber ein Narr sein willst, so glaube nicht, daß ich darunter leiden werde!"

„Ich wünschte der einfältige Godfrey wäre mit dir davon gelaufen ehe ich dein vermaledeites Gesicht gesehen hätte. Du verdammte Katze! Wem würde einfallen, wenn man dich vor den Leuten schnurren hört und du dich so liebreich gegen Jedermanns Füße reibst, daß du zischen kannst, und speien, und kratzen?"

„Ich wollte er hätte es gethan!" rief sie. „Godfrey wird den alten Wooley beerben."

Erst durch die plötzliche Stille, welche im nächsten Zimmer eintrat und der ein leises Geflüster folgte, ward ich inne, daß ich in ein lautes boshaftes Gelächter ausgebrochen war. In ihnen gegenseitig sah ich mich gerächt. Jetzt erst erkannte ich vollständig, vor welchem Schicksal ich barmherzigerweise bewahrt worden, und pries die Vorsehung, die mich den Schlag hatte erleiden lassen. Jede vernehmbare Unterhaltung hörte für diese Nacht zwischen meinen Nachbarn auf. Aus dem Fremdenbuch des Gasthauses müssen sie späterhin erfahren haben, wer es war, der ihre liebenswürdigen Worte mit anhörte. Am folgenden Morgen sah ich beide vom entferntesten Ende der Frühstückstafel aus, sie auf seinen Arm sich zärtlich stützend, mit heiterm Lächeln eintreten. Mögen sie dahinfahren! Die Welt, ohne Zweifel, hält sie für ein glückliches und sich treu ergebenes Paar.

In dem alten Spezereiladen hatte nichts sich geändert, mit Ausnahme von Bolty, welcher jetzt ein reines Hemb trug, eine Feder hinter dem Ohr stecken, und seinen Mund meistens zu hatte. Zwei jüngere Gehülfen standen ihm im Geschäft bei, doch behielt er sich noch immer vor, besonders bevorzugte Kunden selbst zu bedienen. Als er mich zur Thür herein treten sah, sprang er mit großer Behendigkeit über den Ladentisch.

„Ei, Mr. Godfrey!" rief er, „das ist ja eine große Ueberraschung. Freilich hab' ich mir so 'was gedacht wie Ihr Brief gestern Morgen kam. Freu' mich Sie in meinem Laden zu sehen — einer meiner ersten Kunden — ha, ha! Haben Sie das Schild bemerkt? Wahrscheinlich nicht — Sie haben vermuthlich nicht 'nauf gesehen?"

Mit Gewalt sah ich mich genöthigt Bolty hinaus auf das Pflaster zu folgen, um mich mit dem wichtigen Umstand bekannt zu machen, daß „Woolley &" überpinselt und „Leopold" dafür hinein gemalt worden war, so daß es jetzt hieß — und wohl noch viele Jahren heißen sollte — Leopold Himpel's Spezereihandlung.

Ich hatte mir vorgenommen, daß keine Spur dessen, was zwischen uns vorgefallen, in meinem Benehmen gegen Oheim und Tante zum Vorschein kommen sollte. Ich küßte die letztere sogar beim Wiedersehen, was einen Strom echter Thränen bei ihr hervorrief. Zuerst fühlten wir uns natürlich etwas verlegen, da wir aber alle unser möglichstes thaten, es zu überwinden, so saßen wir gar bald beisammen und plauderten so freundlich und vertraulich miteinander, als wäre nie etwas zwischen uns getreten.

Nachdem Tante Peggy sich in die Küche zurückgezogen hatte um nach dem Mittagsessen zu sehen, erzählte mein Oheim mir auf lange und breite Art den ganzen Zusammenhang seiner Spekulation. Vieles davon war mir damals nicht ganz deutlich, welches seitdem aber die eigne Erfahrung in Geschäftssachen aufgeklärt hat.

Der ursprüngliche Anschlag hatte allerdings eine höchst lockende Aussicht auf Gewinn dargeboten. Mehrere große Strecken kohlenhaltigen Landes waren, da keine Transportmittel vorhanden, für eine verhältnißmäßig sehr geringe Summe angekauft worden. Der Entwurf der neuen Eisenbahn, durch welche jene Ländereien plötzlich ungeheuer im Werthe steigen sollten, war noch nicht öffentlich bekannt gemacht; der von den Kapitalisten für dergleichen Dienste besoldete Ingenieur hatte jedoch seinen Bericht darüber abgestattet. Er war ein Bekannter Mulford's, der früherhin in geschäftlichen Unternehmungen von geringerer Bedeutung mit meinem Oheim gemeinschaftlich betheiligt gewesen. Diesmal jedoch sollte ein Streich geführt werden, der jedem ein sicheres Vermögen einbringen mußte.

Nachdem man die Akte für den Bau der Bahn erlangt hatte und die vorläufigen Messungen gemacht worden waren, hätten die vorerwähnten Landstrecken zum drei- oder vierfachen Preis des Ankaufs losgeschlagen werden können. Dies aber war den Spekulanten, deren Habgier vom theilweisen Gelingen nur gereizt worden, nicht genug. Darauf folgte dann eine Zeit finanzieller Verwirrung; etliche der beim Eisenbahnbau interessirten Kapitalisten geriethen in Geldverlegenheit, und das begonnene Unternehmen stockte. Die Kohlenländereien fielen wieder im Werth, und im gleichen Verhältniß schrumpften die in Aussicht gestellten Reichthümer zusammen. Bis zu diesem Zeitpunkt war der Besitz der Ländereien ein Aktien-Unternehmen gewesen, bei welchem mein Oheim sich mit einem Fünftel Betheiligt hatte; nun aber trat auf Anstiften von Mulford, Bratton und Rand die nominelle Auflösung der Aktien-Gesellschaft ein, und jeder erhielt seinen Antheil am Besitzthum in seinem eignen Namen und zu selbständiger Verfügung. Mein Oheim war seinen verschmitzten Genossen nicht gewachsen. Nach einer Reihe von Kunstgriffen, die ich hier nicht auseinandersetze, gelang es ihnen eine Strecke Landes ihm unterzuschieben, welche von der im Vorschlag sich befindlichen Bahn beträchtlich abgelegen und von ihr (wovon mein Oheim nichts wußte) durch einen hohen Bergvorsprung getrennt war.

Als er die Schwindelei entdeckte, hielt er alles für verloren. Die Andern hatten, wie es schien, die einzigen Ländereien im Besitz, welche möglicherweise sich einstmals rentiren konnten, wogegen sein Land, und wenn es noch so voll von Glanzkohle stecken sollte, der Unzugänglichkeit halber, werthlos war. Er reiste jedoch zur Stelle, überschritt mühselig seine zwei Quadratmeilen Bergland und Waldung und erfuhr einige Data, die ihm einen geringen Grad von Trost einflößten und ihn zum Abwarten bestimmten. Achtzehn Monate nach dieser Zeit war die früher projektirte Bahn noch immer nicht in Angriff genommen, wogegen die Züge der Delaware und Lackawanna Bahn innerhalb einer Meile vom Besitzthum meines Oheims vorbei sausten! Mit wenig Kostenaufwand ließ eine kleine Zweigbahn sich zum Zweck der Verbindung herstellen: ein goldner Glanz war über die nutzlose Wildniß ausgegossen, und jener hatte endlich sein Anlegunugs-kapital für etwas über das Zehnfältige flüssig gemacht.

"Nun," sagte mein Oheim, sich die dicke Stirn mit einem seidnen Taschentuch abwischend — denn seine Erzählung war lang, verwickelt und aufregend gewesen — "nun kannst du leicht ausrechnen wieviel dein Antheil beträgt. Ich habe dir die Zinsen für jedes Jahr und wieder Zinsen auf diese angerechnet, g'rad' als wär' es ordentlich ausgeliehen worden, und du wirst sehen, daß es sich im Ganzen auf eine Kleinigkeit unterhalb zwanzig tausend Thaler beläuft. Ich rechne rundweg zwanzig tausend, weil du's dann in Bausch und Bogen verin'ressiren kannst: die Versuchung ist da nicht so groß es auszugeben und zu verkrümeln. Das Geld ist auf der Bank, und den Wechselschein dafür kannst ou im Augenblick kriegen. Wenn du diese ganze Zeit mißtrauisch und ärgerlich drüber gewesen bist, so vergiß nicht was ich, auf dem das ganze Risiko und die Verantwortlichkeit lag, durchgemacht habe."

"Wir wollen nicht mehr an das denken, Oheim, was vorbei ist," versetzte ich. "Ich nehme deinen Rath an. Das Geld soll wie es ist, angelegt werden; ich betrachte es noch immer als das Vermächtniß von Vater und Mutter und von ihm etwas wegzunehmen würde mir scheinen, als ob ich vom Segen wegwerfe, der in ihm enthalten ist."

"Das ist recht, John! Ich freue mich, daß du ein Mann geworden bist und die Dinge im richtigen Licht sehen kannst. Ach, wenn du nur in Allem das Richtige sehen wolltest!"

"Das thue ich," lautete meine Antwort. "Ich weiß, Oheim, was du im Sinne hast. Ich habe Schwäche und Thorheit eingesehen und die Kraft, Weisheit und Barmherzigkeit Gottes kennen gelernt."

Wenn auch nicht völlig überzeugt, daß ich auf dem richtigen Pfad wandele, schienen diese Worte ihm dennoch trostreich zu sein. Beim Mittagsessen betete er nicht für „Diejenigen die in Finsterniß wandeln," sondern dankte für den Empfang unverdienter Gnadengaben, wobei ich im Innersten einstimmte.

Tante Peggy gewann ich ganz und gar für mich, indem ich ihr meine Verlobung und herannahende Verheirathung mittheilte. Am folgenden Tag brachte sie mir vor meiner Rückkehr nach New-York einen in Seidenpapier eingewickelten Gegenstand, mit den Worten:

„Ich möchte ihr gern etwas schicken, kann aber nichts Hübsches finden, außer dem da, den Tante Christina mir zu meiner Hochzeit gab. Ich weiß freilich daß er jetzt aus der Mode ist, aber es heißt ja, daß alles in fünf und zwanzig Jahren einmal wiederkehrt, und da denk' ich, daß der da bald wieder an die Reihe kommt. Ich hoffe er wird ihr gefallen."

Sie nahm das Papier ab und brachte einen Schildpattkamm zum Vorschein, der in eine künstlich verschlungene und durchbrochene Schleife von beinahe sechs Zoll Höhe auslief. Ich verbiß meine Lust zum Lachen so gut ich's vermochte unter lauten Danksagungen und ließ, als ich mich fort begab, Tante Peggy stolz auf ihren Neffen zurück.

XL. Kapitel.

Schluß.

Die Geschichte meiner Lebens-Erfahrungen naht sich dem Ende, nicht weil die Jahre, welche seitdem verflossen sind, keinen wichtigern Lebensaufschluß, keine tiefern Lehren für Herz und Verstand dargeboten hätten, sondern hauptsächlich weil die Zeiten innerer Ruhe weniger Interesse enthalten als die der Gährung und des Kämpfens. Ich habe, wie ich es auch vermuthete, nicht ununterbrochen reines Glück genossen; mein inneres Wesen aber ruht, vor jeder ernstlichen Verirrung des Geistes oder der Sinne gesichert, auf einem festen Grunde von Liebe und Vertrauen. Ich kann Prüfungen ertragen ohne ungeduldiges Widerstreben, Trug erblicken ohne die ganze Menschheit zu verurtheilen, und sehe stets den Arm ewiger Gerechtigkeit in das Zeitliche eingreifen und zum voraus für jegliche That den entsprechenden Lohn ausmessen. Es sind die Schwingungen der Saite, welche den Ton hervorbringen, und diejenigen meines jetzigen Lebens summen nichts als eine sanfte heimische Weise, die nur wenigen Ohren vernehmbar ist.

Noch aber giebt es einiges zu erläutern, ehe ich meine Erzählung der sieben Jahre abschließe, welche mich umgestalteten, den Knorpel zu Knochen machten und das Eisen der Männlichkeit dem weichen Blut des Jünglings beimischten. Der Umstand, daß ich mein Erbe so unerwartet und so merkwürdig vergrößert erhielt, brachte nothwendigerweise eine Veränderung meiner Zukunftspläne hervor. Nachdem ich in die Stadt zurückgekehrt, suchte ich unverzüglich Isabel auf und berathschlagte mich dann mit meinem verehrten Freund, Mr. Clarendon. Dieser, obwohl er mir versicherte, daß meine Thätigkeit seiner Zeitung von großem Nutzen geworden, rieth mir nichtsdestoweniger meine Stelle, da ich nun ein so viel besseres Einkommen beziehe und während ein paar Jahren mich der Ruhe und dem Studium widmen könne, aufzugeben. Ich wußte wie lückenhaft mein Wissen war und fühlte mich begierig das Mangelnde um des neuen Lebens willen, das sich vor mir aufthat, nachzuholen. Es brannte unter der Asche meiner Jugendträume noch immer ein Funke des Ehrgeizes. Während ich einsah, daß ich jugendlichen Enthusiasmus fälschlich für geistige Kraft und Empfindsamkeit für Genie gehalten — daß mein poetisches Gefühl zum echten poetischen Schaffen nicht hinreichte — so hatte ich mir dennoch eine Leichtigkeit im Ausdruck, ein ziemliches Geschick im Schildern und eine Kenntniß der Hülfsmittel zur Schriftstellerei angeeignet, welche bei geringerem Ehrgeiz mir sowohl, als meinen Nebenmenschen dienlich werden konnten. Die Begierde hatte mich einmal erfaßt um sie nicht wieder los zu werden. Es giebt mehr zu hoffen für denjenigen, der den Wein geschmeckt hat, als für ihn, der einmal in seinem Leben mit Lettern und Buchdruckerschwärze in Berührung gekommen ist, und obwohl unter Fünfzigen nur Einer den ätherischen Rausch des Ruhmes empfindet: während die übrigen sich bis in den Blödsinn hinein trinken—wen gäbe es, der sich hierdurch abhalten ließ?

Meine Erbe erwies sich mir noch auf andere Art von großem Nutzen. Die Ursache weshalb ich meine Stelle beim W u n d e r aufgegeben, wurde bekannt, und mein Freund, der Reporter beim R ä c h e r, rückte in die, den „persönlichen Nachrichten" gewidmete Spalte dieses Blattes ein, daß mir eine ungeheure Erbschaft plötzlich zugefallen sei. Der Paragraph war überschrieben „Ein vom Glück begünstigter Schriftsteller" und machte natürlich die Runde durch andere Blätter. Jedermann wünschte mir Glück, und selbst die Herren Renwick und Blossom gaben, den Schimpf meiner Flucht aus Mrs. De Peysters Haus vergessend, ihre Karten an Mrs. Very's Thür für mich ab. Ich bezahlte dem kleinen Neger, welcher die Messer putzte, zwei Schillinge dafür, daß er meine Gegenkarten nach Mrs. De Peysters Wohnung trug, und ging hin nach Stanton-Street, den Abend bei Bob Simmons zuzubringen.

Mit dem Oktober kehrte Isabel in die Stadt zurück. Sie hatte bereits an ihren Stiefvater und die beiden Neben-Kuratoren geschrieben und am Tage da sie ihr ein und zwanzigstes Jahr vollendete, wurden die ihr Vermögen repräsentirenden Papiere in ihre Hände gelegt. Mr. Floyd, der sie stets gütig behandelt und, seitdem sie fortgegangen, sein Haus sehr vereinsamt gefunden hatte, bat, sie möge dahin zurückkehren, und ging sogar so weit seinen Sohn daraus verbannen zu wollen. Dann aber sagte Isabel ganz ruhig:

„Ich werde binnen zwei Monaten mich mit Mr. Godfrey verheirathen und einer so kurzen Zeit wegen Mr. Tracy Floyd nicht vertreiben."

Der alte Herr seufzte schwer auf. Diese Eröffnung war natürlich nicht unerwartet. Unter den Börsen-Speculationen, welche sein Herz ausfüllten, war doch noch etwas weiches Gefühl vorhanden: einst hatte er geglaubt, daß seine Stieftochter zur Schwiegertochter werden, und ihm einen behaglichen häuslichen Heerd für seine alten Tage aufbehalten werde.

Der Verkehr zwischen ihm und seinem Sohne bestand hauptsächlich in unverschämten Geldforderungen von der einen und zornigen Einwendungen von der andern Seite. Was konnte er auch erwarten? Er widmete Wall-Street sein ganzes Leben und diese steinerne Gottheit sagt nicht: „Erziehe deine Kinder." Im Gegentheil lautet eins ihrer Gebote: „Du sollst deinen Söhnen Cigarren und deinen Töchtern Seidenstoffe geben und sie laufen lassen, damit die Sorge für sie deinen Geist nicht vom Geldmarkte abzieht."

Was Mr. Tracy Floyd betrifft, so war über sein Geschick, obgleich wir es damals noch nicht wußten, bereits entschieden. Für einen so selbstsüchtigen und leichtfertigen Menschen wie er, schlug der einzige Plan den er für das Leben hatte, der müßige, elegante Ehemann einer reichen Erbin zu sein, in höchst eigenthümlicher und trostloser Weise fehl. Miß Levi bediente sich der magnetischen Kraft ihrer großen orientalischen Augen nicht ganz umsonst, denn sie trat seine Pläne unter die Füße noch ehe der Sommer vorüber war. Ich gäbe viel darum die aufeinanderfolgenden Sappen und Minen, die versteckten Approchen und den endlichen Sturm durch welchen sie Besitz von der leeren Citadelle ergriff, kennen zu lernen: es würde einen verwickeltern Roman liefern als der meinige ist. Sie war eine Jüdin, mit wenig eigenem Gelde, aber reichen Verwandten. Die Letztern trachteten darnach sich in die höheren Kreise der Gesellschaft aufzuschwingen und man glaubte, daß Mr. Floyd unter der Bedingung die Heirath zur Beförderung dieses Gelüstes anzuwenden und die etwaigen Kinder im jüdischen Glauben zu erziehen, eine mäßige Jahresrente von ihnen beziehe.

Für die Wahrheit dieses Gerüchts will ich nicht einstehen. Die Plaudertaschen von Gramercy-Park behaupteten jedoch in jenem Jahre, daß das Haus Mr. Floyd's von unzähligen Personen mit langen Nasen und schmalen Stirnen frequentirt werde.

Unsere Hochzeit war im Dezember.

Isabel trug den Saphirschmuck, den ich so lieb hatte; das Funkeln der Edelsteine vermochte indeß nicht den sanft flimmernden Glanz ihrer farbenverwandten Augen zu schwächen. Es war eine sehr stille und anspruchslose Hochzeit, welcher ein Empfang in Mrs. Deering's Gemächern folgte. Als der Abend herankam, verließ ich mit meiner Frau die Freunde und begab mich mit ihr, nicht auf eine Hochzeitsreise von Hotel zu Hotel, wo in Reihefolge die prunkhaften „Braut-Gemächer" zur Disposition standen, sondern nach dem lieben kleinen Haus in Irving-Place, wo wir nun daheim sein sollten. Doch gingen wir nicht allein. Drei strahlenden Genien schritten mit verschränkten Händen uns voran: — Friedlichkeit, die das Feuer des häuslichen Herdes entflammte und Vertrauen und Liebe, welche die Kerzen neben unserm bräutlichen Lager anzündeten.

Einige Wochen später erhielt ich eines Morgens folgenden Brief von San Francisco:

„Mein lieber John!

„Ich weiß warum du mir nicht geschrieben hast. Eigentlich wußte ich (durch Mrs. Deering) schon seit Monaten was bevorstand und hatte jedes wunde Gefühl, was mir noch im Herzen lag, besiegt. Glücklicherweise besitze ich auch in Hinsicht der Vernunft einen starken Willen und bin überdies kein Kind, daß ich über einen unvermeidlichen Verlust fort und fort klagen sollte. Wenn ich nur Geduld habe, so macht ohne Zweifel die Zukunft es einst wieder gut an mir. Jedenfalls aber, theurer alter Bursche, wirst du nichts dagegen haben, wenn ich dir — nicht etwa Glück wünsche, denn das hast du schon, sondern — sage, daß du dein doppeltes Glück reichlich verdienst. Den andern Umstand nämlich ersah ich zufällig aus der Zeitung. Du hättest mir das wenigstens schreiben können.

Mit diesem Dampfschiff wird zugleich eine Kleinigkeit eintreffen, welche, wie ich hoffe, als Zeichen des Vergessens und Vergebens — wiewohl es das Schicksal ist, nicht ich, dem etwas zu vergeben ist — Aufnahme finden wird. Es mag vielleicht eine Zeit kommen — nein, ich schwöre! sie soll kommen — wo ich an Eurem häuslichen Herd sitze, mein kahles Haupt wärme, meine gichtischen Beine pflege und mein Glas Portwein trinke. Bete, daß es je eher je lieber sei wegen deines (und ihrem nun)

liebevoll verbleibenden Vetters

Alexander Penrose."

Die „Kleinigkeit" bestand in einem prachtvollen indischen Shawl, und ich freue mich darüber, daß Isabel ihn gerne trägt. Noch haben wir unsern Vetter seitdem nicht gesehen, da wir von New-York abwesend waren, als er zwei Jahre später die atlantische Seite besuchte; allein wir bauen fest auf den Tag, wo er als geehrter und geliebter Gast unter unserm Dache weilen wird. Bis dahin fehlt unserm voll dahinströmenden Leben noch ein Nebenflüßlein des Glückes.

Innerhalb eines Jahres nach unserer Verheirathung traf Mr. Floyd das gewöhnliche Schicksal der Männer seiner Klasse. Ein Schlaganfall und Erweichung des Gehirns entfernten ihn für immer von den harten Steinpflaster und den Granitstufen, die er so lange beschritten hatte. Der seinen leeren Blicken entwichene Geist flatterte ohne Zweifel noch auf der Börse umher, wo er geisterhafte Zwiegespräche hielt und ruhelos nach gespensterhaften Notirungen umher sah. Er war nicht bei uns, allein wir nahmen uns seines Körpers eine Weile an, bis das mechanische Leben endlich aufhörte. Dann verbot die Ehrerbietigkeit uns zu fragen, welche Thätigkeit die Seele wohl in der Welt jenseits des Geldmarktes finden könne.

Als der Frühling erschien, nahm ich Isabel mit mir nach Croß-Keys, wo ich ihr die erste Knospe vom kleinen Rosenbusch auf dem Grabe meiner Mutter gab. Freundliche Hände hatten das Unkraut fern gehalten und die Buchstaben auf dem kleinen Steine waren nicht weniger sorgfältig vor Moos und Rost bewahrt, als diejenigen, welche mir einst in der Knabenzeit Unsterblichkeit verhießen — die Grabschrift nämlich auf Becky Jane Niles. Unser Besuch war ein Festtag im Leben der guten Nachbarin. Sie versuchte es, mich „Mr. Godfrey" zu nennen, allein das vertraute „Johnchen" kam ihr beständig in den Mund, und brachte, sie verwirrend, ein ungewohntes Roth in das gute alte Gesicht, bis sie auf den glücklichen Gedanken gerieth mich „Sir" anzureden. Kein Kleidungsstück machte ihr, glaube ich, seit ihrem Hochzeitskleide so viel Freunde, als die schwarze Seide, welche wir für sie zurückließen.

Von da begaben wir uns nach Reading, wo Isabel sehr rasch das Herz von Oheim und Tante gewann und dann über Ober-Samaria auf den Rückweg. Für Dan' Jule war unser Besuch eine große Ueberraschung, denn seitdem ich „Leonora's Traum" unter den Weiden verbrannt, hatte er kein Wort von mir gehört. Mutter Jule war gestorben, Dan' und seine Lavinia hielten indeß den schlichten, frohsinnigen Geist der alten Heimstätte aufrecht und es war ein schöner Tag, den wir unter ihrem Dache verlebten. Ein Bote ward an Susanne abgeschickt, die mit Ben' und ihrem muntern Knäblein über die Höhe herunter zum Thee kam, und des emsigen Plauderns um das im großen Küchenkamin brennende Feuer herum war kein Ende.

Ich freute mich als ich hörte Verbene Cuff sei verheirathet. Dann erst wagte ich die Geschichte vom Kalkofen zu erzählen.

Und nun, nachdem ich in der Weise eines englischen Novellisten des letzten Jahrhunderts so viele der in dieser Erzählung vorkommenden Persönlichkeiten schließlich bedacht habe, möchten meine Leser vielleicht erwarten, daß ich die noch übrigen mit gleicher Rücksicht behandle. Allein die Familien Rand und Bratton sind meinem Gesichtskreise so entschwunden, daß ich nichts von ihnen weiß. Das Nämliche ist in Bezug auf Mr. und Mrs. Mortimer und Miß Tatting der Fall. Mears hatte eine reiche Wittwe geheirathet und die Kunst mit der Kunstkritik vertauscht. Mit Brandagee ist vielleicht die größte Verwandlung von allen vorgegangen, und dennoch sehe ich jetzt, wo ich die Menschheit besser kenne, daß es eigentlich keine Verwandlung, sondern eine folgerichtige Entwickelung seines Wesens ist. Nachdem er ein kleines Kapital — vermuthlich dadurch, daß er Fiorentino's Methode befolgte — zusammengebracht hatte, versuchte er sich eines Tages in Wall-Street, war glücklich, verfolgte sein Glück, wurde schnell zu einem schlauen und waghalsigen Geschäftsmanne und gilt jetzt dafür in sehr wohlhabenden, wenn nicht brillanten Verhältnissen zu leben. Er wohnt im „Brevoort-House" und ist sehr freigiebig — gegen seine eigene Person. Daß er einem armen Literaten etwas leihe, kommt nie vor. „Gold," heißt es jetzt bei ihm, „ist die einzig reelle Substanz." Ich begegne ihm häufig, und da die Erinnerung an meinen vagabundenartigen Verkehr mit ihm keinen tiefen Stachel zurückgelassen hat, wechseln wir Grüße und Bemerkungen mit einander — an ein vertrautes Verhältniß zwischen uns ist indeß nicht zu denken.

„Wie aber steht es mit Bob Simmons und Jane Berry?" wird der neugierige Leser fragen. Soll ich nochmals den Schleier lüften, den ich über zwei unglückliche Herzen fallen ließ? — Nein, berühren wir ihn lieber nicht, damit Jeder nach eigenem Gutdünken das Problem löse, auf welches ich hingedeutet habe. Ob die Thorheit eines kurzen Tages ein ganzes Leben elend machen, oder ob auf der andern Seite ein all zu leichtes Uebersehen der verlorenen, unschätzbaren Unschuld des Weibes das ganze Geschlecht in seiner Ehre verletzen soll, das sind Fragen, welche zu lösen meinen armen Freunden vorbehalten bleibt. Auf welche Seite wir auch treten mögen, dürfen wir menschenfreundliches Mitleid nicht dem innern Kämpfen entziehen, durch welches sie sich hindurchschlagen müssen, ehe Frieden in der einen oder andern Gestaltung auf ihnen ruhen kann.

Sollte eine Lehre in meiner Erzählung enthalten sein, so brauche ich sie wohl nicht deutlicher auszusprechen. Indem ich diese Seiten durchlaufe, auf denen ich einen Theil meines Lebens getreulich aufgezeichnet habe, sehe ich nicht allein ein, daß ich kein Musterheld bin, sondern daß meine Erzählung auch kein Musterroman ist. Ihr fehlt, nach außen hin wenigstens, das tragische Element — allein mein Leben ist auch keineswegs ein ungewöhnliches gewesen. Es läuft in abweichenden Schwankungen innerhalb derjenigen Grenzen hin, auf welche das Leben vieler Menschen beschränkt ist.

Warum also schreibe ich es nieder? Weil das Bekenntniß eines jungen Mannes, welches er über sein Wanken im Glauben, seine Eitelkeit und Ungeduld, sein Kämpfen gegen die Versuchungen des Geistes und der Sinnlichkeit, und die Wege der Vorsehung, die ihn demüthigen, ihn besonnen machen und weise Lehre zuertheilen, nie ohne Interesse und Nutzen für die Nachwelt sein können. Verlangt man einen andern Grund als diesen, so sei auch er hier angegeben und mit ihm ein flüchtiges Schluß-Tableau meines gegenwärtigen Lebens verzeichnet.

Zeit: fast ein Jahr vor gegenwärtigem Datum. Scene: der kleine Rasenplatz vor unserer Cottage auf Staten-Island. Ich sitze in einem Armstuhl von indischem Rohrgeflechte auf der Veranda und habe Jean Paul's „Titan" — beiläufig gesagt, ein sehr nebulistisches Literaturerzeugniß — in der Hand. Isabel, voller und runder von Gestalt, aber die nämliche klare Frische noch in den schönen Zügen (wie oft muß ich an Penrose's Ausruf: „Sie ist meine Eos — meine Aurora!" denken), sitzt neben mir; die Arbeit ist ihr auf den Schooß gefallen, denn ihre Augen folgen den muntern Sprüngen von Charles Swansford Godfrey, dessen goldene Locken aus der Spalte eines hohen Buxbaumbusches hervorleuchten, wo er sich vor seiner kleinen Schwester Barbara versteckt hat. Es ist ein reizendes Bild, ich aber bin zu rastlos mich daran zu freuen, wie ich als Gatte und Vater es sollte.

Ich werfe den „Titan" weg und gehe mit raschen Schritten auf der Veranda auf und ab. Isabel blickt mich an und ein Schatten (glaube Niemand, daß ein anderes Auge als das meinige ihn bemerkt haben würde) gleitet über ihr Antlitz. Ich bleibe vor ihr stehen.

„Bell," sage ich zu ihr, „was soll ich anfangen? Ich habe mir alle mögliche Mühe gegeben meinen literarischen Hang los zu werden und dieses müssige, glückliche Leben, welches wir hier führen, zu genießen, allein es will nun einmal nicht aus meinem Blut heraus. Ich fühle mich unruhig, weil mein Geist nicht beschäftigt ist: — diese leichten Schilderungen und Erzählungen hin und wieder genügen nicht die Leere auszufüllen. Ich muß eine Aufgabe haben die einen ganzen Band in Anspruch nimmt. Kannst du mir nichts vorschlagen?"

„Ich habe diese ganze Zeit über das nämliche gefühlt, John," versetzte sie, „und nur gewartet, daß du die Sprache darauf brächtest. Setze dir kein zu hohes Ziel deinem ersten Versuch: — nimm was dir nahe liegt und dir am vertrautesten ist. Warum nicht deine eigene Lebensgeschichte erzählen?"

„Ja, das will ich!" rufe ich aus und gebe ihr einen Kuß zum Lohn für die rasche Lösung meiner Schwierigkeit.

Und so habe ich es denn gethan.

Deutsche Literatur der Gegenwart.

Von
Lina Bagt.

In einem seiner Essay's sagt Macaulay: „In einem rohen Gesellschaftszustande sind die Menschen Kinder mit einer größern Mannigfaltigkeit von Ideen. Es läßt sich daher erwarten, daß die poetische Stimmung in einem solchen Gesellschaftszustande in ihrer höchsten Vollendung vorhanden sein muß. In einem gebildeten Zeitalter wird es viel Intelligenz geben, viel Wissenschaft, viel Philosophie, eine Fülle von richtiger Classification und feiner Analyse, einen Ueberfluß von Witz und Beredsamkeit, eine Masse von Versen, selbst guten Versen, aber wenig Poesie. Die Menschen werden beurtheilen und vergleichen, aber nicht schaffen." —

Diese Worte scheinen uns auf die poetische Produktionskraft unserer Tage zu passen.

In der That tritt es hervor, daß ein bevorzugter, fortgeschrittener Zustand der Bildung nothwendiger Weise der Dichtkunst ihren Bereich verkürzt. Wir haben nur in günstiger Weise von dem Aufschwunge der Kultur unseres Vaterlandes berichten können. Leider sehen wir uns gezwungen einzugestehen zu müssen, daß diejenigen Pfade, die der Geist in der gebundenen Sprache der Poesie betritt und wo er nicht zwischen den Menschen weilt, die dem Alltagsleben entnommen, sondern zwischen denen, die seiner Phantasie entstammen, daß die Pfade dieser geistigen Kultur nicht ersprießlich angebaut sind. Die dramatische, epische und lyrische Poesie ist außerordentlich reich an Erzeugnissen; sicherlich aber steht ih Gehalt ihrem numerischen Reichthume nach.

Wenn wir uns die Ursache dieses Mißverhältnisses zwischen den Erzeugnissen der forschenden Wissenschaft und der gestaltenden Phantasie klar machen wollen, so müssen wir zuerst das Material beider näher ansehen. Was bewirkt, daß beide einander ausschließen der Zeit nach und daß Produkte der höchsten Vollendung in beiden selten gleichzeitig sind, ist, daß ihre Grundbedingungen ganz verschieden sind. Werke der Poesie sind immer Gestaltungen einer Täuschung, eines „holden Wahnsinns," Bilder eines schönen Traums, aber doch nur eines Traums, Erfindungen von verständiger Schlußfolgerung, aber von einer dem Urtheile nach kindischen Voraussetzung; für sie wird nimmer eine Zeit, wo die Empfindung über die Analyse, der Eindruck äußerer Dinge über seine Ergründung, die bloße Beobachtung über die Abstraktion trimphirt, die beste Illusionsfähigkeit, die beste Erzeugungskraft liefern. Daher sind die in Wissenschaft am wenigsten fortgeschritten gewesenen Völker, die am entferntesten vom philosophischen Geiste und am nahesten einem naiven Empfängnisse äußerer Eindrücke waren, in ihren metrischen Schöpfungen, in gebundener Rede sicherlich denen von heute überlegen. Erst wenn eine ganze Aera vergangen ist, tritt die Wissenschaft ihr Material an. Sie nimmt der Fähigkeit der Illusion ihren Boden. Vielleicht drückt ein Beispiel unsere Meinung noch klarer aus.

Gesetzt den Fall, zwei Individuen, eines aus der primitiven Zeit unserer tellurischen Welt, vielleicht auch nur ein Grieche aus der Zeit der homerischen Epen und ein anderes von heute ständen unter dem Einflusse des Donners, der mächtig durch die Wolken hinweggrollt, redeten von ihrem Eindrucke. Sicherlich würde derjenige, welcher unter Herrschaft der erregten Sinne, der zitternden Nerven denselben beschriebe, ein drastischeres Bild von ihm geben, als der moderne Weltbürger von heute, dem das Abc der Wissenschaft schon gelehrt, daß der Donner nicht die Wirkung überirdischer, fürchterlicher Kräfte, sondern die Folge einer elektrischen Entladung sei. Es ist wahr, das Wissen und Denken klärt auf, aber es macht die Phantasie ärmer. Das Bestreben alles Sichtbare auf seinen letzten Inhalt, die unsichtbaren, spinnwebenfeinen Ideen, zu reduciren, dient nicht dazu Bilder von farbenprächtiger Wirkung zu erzeugen, sondern es löst alle Fähigkeit dazu auf. Die Wissenschaft bemüht sich immer vorzugsweise das Allgemeine, die Gattung, aufzusuchen; die Poesie wendet sich dagegen immer an das Individuelle; sie wirkt nicht durch Maxime, die sie aus einem Chaos von Kräften herauslöst, sondern durch plastische Gebilde. Die Wissenschaft beweist durch eine logische Verbindung von Schlußfolgerungen, die Poesie durch das Wort, das am besten die Täuschung hervorbringt, die sie wünscht.

„Wie die Laterna Magica dem Auge des Körpers," — sagt Macaulay, — „so gaukelt die Dichtkunst dem Auge des Geistes eine Illusion vor. Wie ferner die Laterna Magica in einem dunklen Zimmer am kräftigsten wirkt, so erreicht die Poesie ihren Zweck am vollständigsten in einer finstern Zeit."

Am hellen lichten Tage erblassen die zarten Schattenrisse der Zeichnung jenes Zauberspiels; die Gewißheit tritt in ihre Rechte und verjagt die bloße Einbildung. Die Phantome, die alle Fibern eines kindlichen Naturzustandes des Gemüthes pochen machten, verlieren ihren Schrecken. Ihre Ungeheuerlichkeiten lösen sich in Nichts auf. Ein aufgeklärtes Jahrhundert zerlegt wohl, aber aus dem Zerlegen entsteht kein Dichterwerk von überwältigender Kraft und Intensität. Wir sind überzeugt, daß Shakespeare eine schlechte Analyse des menschlichen Geistes geschrieben hatte, während er doch wie kein zweiter diesen zu malen verstand. Wahrheit und Täuschung, Wissen und Wähnen, Erkennen und Vergnügen am Selbsttrug schließen einander aus.

Dies halten wir für den Schlüssel der Frage, die heute oft die ästhetischen Kreise, die kritischen Stimmen und die Autoritäten im Reiche der Poesie beschäftigt. Woher es kommen möge, heißt es da, daß unsere Zeit keine Dichtungswerke, seien es dramatische oder epische, von der Bedeutung großer hervorragender Musterwerke der längstvergangenen Zeiten und der vom Schauplatze der Welt abgeschiedenen Völker hervorbringe. In dem Sichausschließen der Wissenschaft und der Poesie in Werken höchster Vollendung glauben wir den Grund dieses Mangels zu finden.

Denn gestehen wir ein, die Wissenschaft beherrscht unsere Welt. Heute sind wir alle in diesem Prozesse einer unaufhörlichen Zerlegung physischer oder metaphysischer Erscheinungen befangen. Giebt es noch einen unangefochtenen Punkt in unserm religiösen, staatlichen und Gemeindeleben, in der Welt des Wissens und der überlieferten Tradition zur Stunde? Es ist wahr, es wölben sich noch über unseren Häuptern die Bogengänge, die die einfältige Glaubensinnigkeit unserer Vorfahren mit Gebeten und Gesängen durchhallte; noch ist dasselbe Heilandsbild in der Krypta, das einst den Erlöser der Welt den Menschen dargeboten: aber trotz der Formen, die wir noch jetzt im Cultus durchleben, trotz unseres Händefaltens, Kniebeugens, trotz der einfachen Gebete, die wir aus unseren Gesangbüchern der Vergangenheit noch zum Himmel schicken, trotz der Fundamente des Kirchenthums, der Sakramente, die noch heute Christus zur Erde ziehen und die Gemeinde in mystischer Weise umfangen, trotz alledem ist der Christum, an den man geglaubt, schon lange geschwunden. Heute ist der Heiland ein so streitiger Punkt, wie alle anderen in der Welt. Strauß und Renan haben die scharfe Analyse an ihn gelegt; heute keine Kreuzfahrer, keine Extase mehr; heute keine Messiade mehr; heute nur ein zerfressener, zerlegter, zersetzter Heiland am morschen Holze auf einem wackelnden Piedestal! —

Und dieser Kampf, der auf den Seiten der Gegner und Anhänger der Freiheit in der wissenschaftlichen Forschung mit dem größten Ingrimme geführt wird, und der aus einem psychologischen Zersetzungsprozeß entstanden, tobt auch auf staatlichem Felde überall. Wie schneidend stehen sich alle Gegensätze einander gegenüber! Heute keine Recken der Vorzeit mehr, die über das Menschliche hinaus handeln, kämpfen und hinfallen; verschwunden sind die Helden des Ritter- und Frauendienstes der Hohenstaufenzeit; versunken ist die edle Einseitigkeit der Kämpfer für eine tadellose Loyalität. Zur Stunde nur Helden en miniature, Servilität auf einer Seite und die Ausbrüche einer endlosen vernichtenden Kritik von der Tribüne herab auf der andern. Man mag sagen was man will, aber welchen Eindruck soll das Heldenthum von heute in seinem Frack und Glacéhandschuhen, Skepticismen und Sarkasmen auf der Lippe in Dichtungsgattungen machen, die ihre Urtypen vom Homer und Shakespeare hernehmen. Sicherlich sind wir reich an glänzenden Dissertationen wissenschaftlicher Art; die Naturwissenschaften haben, durch Humboldt inspirirt, nichts versäumt, um mit alten Vorurtheilen aufzuräumen. Aber wenn die Wissenschaft die hohen Aetherräume von übernatürlichen Kräften gereinigt, wenn sie die Götter und Dämonen aus der Welt verbannt und jede Lebenserscheinung auf einen natürlichen Proceß zurückgeführt hat: wo bleiben die neuen Götter, die positiven Gestaltungen, die wir gewonnen? — Was soll die Dichtkunst mit einer Welt beginnen, die nach und nach zu einer Wechselwirkung von Sauerstoff und Stickstoff auseinander gelegt worden! Wo findet sie hier die plastischen Gebilde ihrer Kunst? —

Lege man es also einer Zeit wie der unsrigen nicht allzu scharf aus, wenn sie auf einem Platze nur Untergeordnetes schafft, während sie auf einem andern Großes vollbringt. Denn obgleich die Wissenschaft scheinbar unsere Erde ärmer macht, so wiegt doch der Gewinn reichlich den Schaden auf. Eines Tages wird, wenn sie Aberglauben und Trug überwunden hat, auch die positive Welt aus der Negation der Analyse, das Christenthum der Zukunft, wiedergeboren werden.

Unsere dramatischen Dichter tappen überall nach Stoffen herum. Leider entspricht kein einziges Drama der Gegenwart den strengeren Anforderungen der Kunst.

Nachdem wir eingestanden haben, daß unsere moderne Zeit ganz unfähig ist, poetische Schöpfungen von hervorragender Bedeutung hervorzubringen, unterziehen wir uns mit einer gewissen Muthlosigkeit der Betrachtung der jüngsten Producte. Es liegen uns einige Dramen der neuesten Zeit vor, die vaterländische Stoffe bearbeitet bieten.

Prinz Louis Ferdinand. Vaterländisches Trauerspiel in fünf Aufzügen von Wilhelm Hosäus. Berlin, Weber und Comp. 1865.

Die Befreiungskriege bieten einen großen epischen Stoff; die Helden einer Zeit, die in jenen ihre poetische Gerechtigkeit fand, sind sicherlich die ächten Helden der Tragödie. Sie gerathen mehr oder weniger vom Pathos der Zukunft erfüllt, in Conflict mit den bestehenden Mächten ihrer Zeit; ihr Untergang war tragisch, aber die Versöhnung liegt für uns darin, daß die nächste Zukunft ihnen recht gab und ihr Streben verklärte.

So ist Prinz Louis Ferdinand ein genialer Feuergeist in einer todessiechen, matten, verkommenen Zeit. Verzehrt von Thatendurst, tödtet er langsam und bewußt die Sprudelkraft seiner Seele in den entnervenden Liebeshändeln mit schönen Weibern. Als der Tag der That da ist und der Kampf entbrennt, da fällt er — ein erstes Opfer desselben!

Dem Dichter ist es nicht gelungen, den Prinzen in eine ächt dramatische Handlung zu verweben. Es wird hier nur gesprochen und discutirt. Einzig der letzte Akt entwickelt dramatisches Leben in kriegerischer Form. Abgesehen jedoch von dem Mangel im Bau des Stücks, so findet man in der Ausführung des Einzelnen viel Ansprechendes und Erfreuliches. Die Haltung ist maaßvoll, der Schwung hinreißend ohne Ueberschwenglichkeit, die Gruppirung geschickt, die Frauencharaktere contrastiren fein und eine patriotische Wärme liegt über dem Ganzen. Der Prinz malt seinen innern Kampf recht lebendig im ersten Aufzug gegen Rahel:

Ich soll nicht athmen dürfen!
Soll nicht einmal den Herrn des Landes bitten:
Gieb deinem Knecht zu thun — denn Thaten sind
Sein täglich Brod; er geht zu Grunde, Herr!

Was man dem Bettler giebt, versagt man mir.
O, meine Seel' ist voll Musik, mein Herz
Ist offen, Rahel, gegen Jedermann:
So gönnt mir wenigstens das Glück der Liebe.
Doch nein, man reißt mich los: ich sei ein Prinz
Und dürfe Wen'gen nur des Herzens Neigung,
Des Herzens Liebe spenden; als Ersatz
Weis't man mich an den Ruhm; doch da die Hand
Ich nun erhebe, reißt man mich zurück!"
Ich wollte klagen; doch ein Prinz soll schweigen
Und ewig wie die Sonne heiter sein.
O, ich bin elend, und ein Bruder scheint
Mir Jeder, der des Elends Bürde trägt:
Ich rüttle an den Ketten, mich und alle
Elendsgenossen von dem Bann zu lösen.
Da ruft man: still, du rüttelst an dem Throne,
Du stehst zu nahe, zähme deine Hand.
Ein Prinz soll stets des Thrones Stütze sein,
Nicht Sturm bereiten! Und ich rufe wieder:
So gebt mir Theil am Thron! Und wieder schallt's:
O Narr, untheilbar ist der goldne Stuhl!
So laßt mich los und öffnet mir das Land:
Ein Prinz darf nicht in fremdem Dienste leben!
Ob du zur That geboren, modre hin,
Ob du für Ehre glühest, trage Schimpf;
Ob Ruhm dich lockt, thu' nichts und ernte Schmach.
Ob's dich zur Freiheit ziehet, trage Ketten!
O Freunde, wie tragt ihr des Lebens Druck,
Den Widerspruch der innersten Natur
Mit des Geschicks verräth'risch dunkeln Mächten!—

Ulrich von Hutten, Trauerspiel in fünf Akten von Hans Koester. Berlin, G. Reimer. 1865.

Den freiheitsbegeisterten Vorkämpfer gegen die Dunkelmänner, den volksthümlichen Mann, der gleich streitbar mit Schwert und Feder drein schlägt, mag man als einen Stoff ansehen, der wohl dramatisch zu wirken fähig ist; an dem Ende des Helden scheitert jedoch die ganze dramatische Kunst des Dichters. Huttens Tod geht nicht aus seinem Streben hervor, ist nicht das Resultat desselben, sondern ein blos zufälliger: er stirbt, wie man aus der Geschichte weiß, an einer „galanten" Krankheit, die mit seinem Kampfe für Freiheit und Licht nichts gemein hat. Unter eine andere pathologische Gattung vom Dramatiker gebracht — mag er Hutten an seinem ruhelosen Leben sich aufreibend an Erschöpfung sterben lassen — dennoch fehlt die Nothwendigkeit eines tragischen Ausgangs, wie sie aus seinem Streben hervorgehen müsse.

Hans Köster entwirft im kräftigen charakteristischen Styl ein Bild jener zerfahrenen Zeit Deutschlands, wo alle Elemente des Staats- und Gemeindelebens das Schwert gegen sich gezogen führten: leider aber kommt das ganze Drama nicht zu einem eigentlichen tragischen Höhepunkt. Unsere Theilnahme zersplittert sich an den Ausfällen, die Hutten überall hin macht; seine ganze Heldengestalt löst sich in Einzelnheiten auf, anstatt sich in einem Alles überwältigenden Moment zu concentriren. Die Sprache ist edel im Stücke, das Pathos des Helden oft ergreifend und gedankenkräftig im Ausdruck.

So in der Sterbescene, wo er zu den deutschen Studenten spricht:

> In deiner Brust,
> Du, deutschen Volkes Edelweiß uud Blüthe,
> Du Goldgefäß und köstlichstes Metall,
> In das sich unser theu'rstes Hoffen faßt,
> Ruh', wie in erz'ner Urne, Huttens Herz.
> Mit Kränzen schmück' dein Schiff, und hoch die Wimpel,
> Das Purpursegel richte fest auf's Ziel! —
> Bewahrt das neue Licht, das euch erstand,
> Mit keuschem Herzen, mit getreuer Hand,
> Und was einst Hutten's Schwert nicht durft gelingen,
> In Hutten's Geist sollt ihr's zu Ende bringen! —

Dramen von Elisabeth Grube, geborne Diez. Jacob von Baden. Die Lützower. Wittekind, der Sachsenherzog. Düsseldorf, Schaub. 1864.

Diese Dramen einer würdigen Matrone haben etwas Frisches, Gesundes, Kräftiges. Einzelne Figuren derselben, wie der alte Blücher in „die Lützower," oder Frau von Lützow, spätere Gräfin Ahlefeld, sind prächtig, wenn auch skizzirt nur, entworfen. Der Jambus ist recht volltönend in dem Drama „Wittekind" behandelt.

Der Bürger-Kaiser, Nationalschauspiel in 5 Aufzügen von Thumser. München, C. Finsterlin. 1865.

Thumser will hier ein Tendenzdrama liefern, das alle Spitzen nach Rom kehrt. Ludwig's des Baiern und Friedrich's von Oestreich Freundschaftsbund bildete seit lange den Vorwurf unserer Dramatiker; wenn der Dichter hier denselben Stoff wählte, so behandelt er jenen ja doch nur episodisch und hebt die Kämpfe König Ludwig's gegen die päpstliche Hierarchie mehr in den Vordergrund. Das Ganze ist mehr gut gemeint, als künstlerisch gestaltet.

Pattkul. Ein historisches Schauspiel aus der Zeit der Hingehörigkeit Lieflands zu Schweden, im Anschluß als erster Theil zu Gutzkow's Trauerspiel. Von Baron Plessen von Thiessenhausen. 1865.

Eine chronikartige Aneinanderreihung von Scenen, ohne dramatischen Ausbau. Die Charaktere sind nur politische Farben-Skizzen ohne Individualität.

Kaiser Heinrich der Vierte. Ein deutsches Trauerspiel in zwei
Abtheilungen von Ferdinand von Saar. Erste Abtheilung: Hildebrand. Heidelberg, Weiß. 1865.

Dieses Drama ist verhältnißmäßig eine der werthvollsten Erscheinungen der
jüngsten Tage. Es ist Kraft, ein hervortretendes Individualisiren in den Gestalten Heinrich's IV. und Gregor's VII. Auch der Bau des Dramas ist so
kunstgerecht als es nur irgend der Stoff des bunten deutschen Anarchenthums jener Tage zulassen wollte, dennoch machen sich hin und wieder die Nebenpersonen
des Dramas allzu breit. Das Vasallenthum, dieses vielköpfige Ungeheuer, lenkt
unser Interesse ab und zersplittert es; das Drama muß knapp gehalten werden.
Die Verwicklungen deutschen Unfriedens im Drama a u s f ü h r l i c h zu behan-
deln, dazu gebricht hier der Raum. Die Diktion des Dramas ist überall von
sinnlicher Anschaulichkeit getragen, ohne Phrasenthum.

Kaiser und Papst. Historisches Drama in fünf Aufzügen und
einem Vorspiel von Richard Weiland. Wolf, Dresden.

Dieses Drama, das Erstlingswerk eines jungen Autors, behandelt denselb-
en Stoff wie das vorige. Auch dieses ist nicht ohne Werth. Die Gestaltung
des Kaisers und des Papstes treten wohlgezeichnet hervor.

Elisabeth Charlotte. Schauspiel in fünf Akten von Paul Heyse.
Berlin, Hertz. 1864.

Der als Novellist, vorzüglich durch seine „Meraner Novellen" wohlbekannte
und hochgeschätzte Autor hat ohne Glück die Bühne betreten. Sein erster Versuch „Die Sabinerinnen" erfreute sich freilich der Auszeichnung, vor mehreren
Jahren bei einer Preisausschreibung des Münchener Hoftheaters mit dem Preise
gekrönt zu werden, dennoch aber blieb es im Publikum ohne Erfolg und da dieses immer in erster Instanz maßgebend ist und maßgebender als die ästhetische
Weisheit des Recensententhums, so blieb auch bis heute der dramatische Ruf
Paul Heyse's äußerst fragwürdig. *

In „Elisabeth Charlotte" schildert er die bekannte deutsche Pfalzgräfin am
Hofe zu Versailles inmitten der Intriguen einer Maintenon, geringgeschätzt vom
Gemahl, dem Herzog von Orleans und eine Beute schnöder Doppelzüngigkeiten.
Der Krieg um die Pfalz, auf welche die deutsche Prinzeß in ihren Ehealten Ver-
zicht geleistet im Erbschaftsfalle; ein Verzicht, welches von Ludwig dem XIV.
schnöde umgangen wurde beim Ableben des Pfalzgrafen, der Jammer, den dieser
Kampf auf die deutschen Landsleute Elisabeth Charlottens häuft und der an ih-
rem warmen Herzen nagt: das bildet den historischen nervus rerum der indi-

---

* Wir können hier mit der geehrten Verfasserin nicht ganz übereinstimmen. Wir halten Heyse für einen der begabtesten Dramendichter der Gegenwart. Seine „Sabinerinnen" haben uns bei der Lekture entzückt und „Hans Lange", die Längen des
letzten Aktes abgerechnet, ist jedenfalls ein glücklicher Wurf des Dichters. „Elisabeth Charlotte" kennen wir nicht.
Anm. d. Red.

viduellen Entfaltung des Schauspiels. Obgleich wir Technik und Sprache desselben als eines so feingebildeten Autors würdig anerkennen müssen, so fehlt es ihm doch ganz an der vollen Kraft wahren dramatischen Lebens; unsere Spannung sinkt, kaum erregt. Wir kommen nicht über den Eindruck eines anekdotenhaften Vorgangs hinweg.

Maria Moroni, und Hadrian — beides Trauerspiele in fünf Akten — Berlin, Hertz — 1865, bezeugen nicht weniger, daß es dem Verfasser an dramatischer Gestaltungsgabe gebricht. Wir fühlen uns nicht hingerissen von seiner Diktion, nicht erwärmt von seinen Charakteren, ja die psychologische Zeichnung derselben läßt oft bedenklich zu wünschen übrig.

Dramatische Bilder aus deutscher Geschichte von Robert Giseke betitelt sich eine Reihe von Stücken aus der brandenburgischen Chronik. Der Hochmeister von Marienburg (1410), der Burggraf von Nürnberg (1411—1440) und: Ein Bürgermeister von Berlin (1442—1445); auch eine Bereicherung der Bücherdramen, nichts weiter.

Wie man sieht ist es trotz einzelnem Verdienstlichen keinem Autor gelungen, ein Drama von wirklich hinreißender Kraft zu gestalten; wenn dieses niederschlagende Resultat jedoch von Erzeugnissen der jüngsten Zeit gewonnen werden muß, von Erzeugnissen, die noch fast alle nicht die Feuerprobe auf den Brettern bestanden, so wird man, blickt man auf Jahre zurück, doch immer nur dasselbe finden und sagen, daß unsere Zeit — wie Macaulay spricht — „wohl reich an Versen, selbst an guten Versen, aber arm an Poesie sei."

Wenig erfreulich zeigt sich da die Bühnenwirksamkeit überhaupt. Die seichte Posse beherrscht das Repertoir; Uebersetzungen aus dem Französischen sind an der Tagesordnung. Zuweilen jedoch bricht sich auch einmal eine Novität Bahn, die beweist, daß unsere moderne Posse nicht so ganz und gar verwahrlost ist.

Das Friedrich-Wilhelmstädter Theater in Berlin brachte ein einaktiges Genrebild mit Gesang von Georg Bolly und Paul Hanrion, unter dem Titel Wanderleben. Es fehlt den Autoren nicht an Takt und Witz; das Publikum ward durch das Stück, ohne sich von zweideutigen Possenreißereien überschüttet zu fühlen, in eine behagliche Stimmung versetzt.

Hohe Gäste betitelt sich ein zweites Stück beider Autoren, das auf Wallners Theater in Berlin gleicher Weise einen guten Erfolg errang.

Julius Rosens Schwank: Il baccio, knüpft an die bekannte Walzerarie einen artigen Schwank, der reich an drastischen Scenen ist und wohl empfohlen zu werden verdient.

Der geheimnißvolle Brief von Benedix benutzt als Motiv die auf die Spitze getriebene Unwissenheit der Bewohner eines Weilers, wo Niemand außer dem Gerichtsschreiber Geschriebenes lesen kann. Dieser, ein tückischer Patron, liest Falsches und die Conflikte sind da. Etwas unnatürlich scheint uns jener zu sein.

Jedoch ist die Zahl wirklich drolliger Lustspiele, die Feinheit mit Schärfe, Witz mit Gehalt vereinigen, die reich an wirklich attischer Würze sind, außerordentlich gering. Heute beherrscht nicht mehr die Thalia der Alten das Podium des Schauplatzes, sondern eine üppige freche Buhlerin schwingt hier den Thyrsusstab. Wir können uns nicht versagen hier eine Charakteristik jener berüchtigten Lokalschauspielerin in Wien, der Josephine Gallmeyer, wie sie Bacano in seinen Theaterplaudereien giebt, einzuschalten, weil diese die wahre Muse unserer heutigen Posse geworden ist. Jedenfalls wird man daraus ersehen, daß die Tage Immermann's in Düsseldorf und die seines großen Vorgängers an der Ilm lange dahin sind und daß unsere Bühne mehr ein Narrenhaus, als eine Bildungsstätte der Nation geworden.

„Wenn man die Gallmeyer fragt" — lesen wir in jenem Aufsatze — „warum sie Komödie spiele, so antwortet sie, weil es leichter ist, als Strümpfe stopfen. Und sie hat Recht. Wenn man sie fragt, warum sie immer sich selbst spielt, so antwortet sie: weil ich mir am besten gefalle. Und da hat sie wieder Recht. Sie weiß in der einen Scene noch nicht, wie sie die folgende spielen wird. Sie weiß in der ersten Scene noch nicht, ob sie diesen Abend genial oder blödsinnig sein wird. Da kommt in ihrer Rolle plötzlich ein Wort vor, irgend ein drolliges Wort, welches sie an irgend eine drollige Scene erinnert, oder sie erblickt in irgend einer Loge oder auf irgend einem Sperrsitz einen braunen Backenbart, der dem Backenbart ihres verstorbenen Cousins ähnlich ist, oder eine Fliege summt ihr um die Nase und die kleinen Flügel des Insekts berühren ihre Lippen und erinnern sie an einen Kuß, den sie vor langer, langer Zeit — vorgestern vielleicht von frischen Lippen erhalten hat, sie verzieht die Nase, hebt das Köpfchen und — Ach! sie ist jetzt gerettet für den ganzen Abend. Der heilige Wahnsinn ergreift die Lerchenfelder Pythia, der Champagner moussirt und gährt in ihr, und sie schreit und lacht und jauchzt und jubelt und kreischt und poltert und tanzt und rast. Eine seltsame Sache ist auch das Gedächtniß der Gallmeyer. Sie kann ihre Rolle nur dann, wenn sie sie nicht gelernt hat. Hat sie einmal einen Anfall von Gewissenhaftigkeit gehabt und eine Rolle gelernt, so bleibt sie sicher stecken. Sie weiß dann, daß das Publikum erstaunt die Köpfe schüttelt, daß man sich in den Logen in die Ohren flüstert, daß ihre Collegen starr vor Erstaunen sind, daß dem Logenschließer die Augen aus dem Kopf treten, daß die Abonnenten den Untergang der Welt befürchten und das Alles macht sie verlegen. Sie erröthet, sie stockt, sie bleibt stecken.

Eines Abends kam ihr College Blank kreideweiß von der Bühne und starrte Frl. Herzog an.

„Was giebt's?" rief man von allen Seiten.

„Ich glaube, die Gallmeyer wird's nicht lange mehr machen. Ist der Doktor nicht da?" —

„Aber was hat sie denn?" —

„Sie hat mir mein Stichwort gebracht!" —

Da hat man unsere modernen Bühnenzustände!

Die Buchhandlung von Hoffmann und Campe in Hamburg bereitet eine Gesammtausgabe der Werke des dahingeschiedenen Friedrich Hebbel vor.

Wie Wenige schien dieser Mann, dem die Natur eine feurige, schwungvolle Seele, eine gigantische Geisteskraft, Originalität des Denkens und eine feste Beharrlichkeit des Wollens gegeben, berufen, unserer Bühne Dramen von höchster Bedeutung zu geben. Er scheiterte, wie so Viele vor und mit ihm; er brachte es allein bis zur Bizarrerie. Jedenfalls bleibt er als Bild einer über das Alltägliche hinaus angelegten Künstlerindividualität höchst interessant und so muß man es den Verlegern wahrhaft Dank wissen, daß sie dem Publikum Gelegenheit geben, einen Gesammteindruck des Dichters sich zu verschaffen. Nach der Versicherung des von der Verlagshandlung ausgegebenen Prospektes soll eine Ausgabe geschaffen werden, würdig des Gegenstandes, mustergültig in typographischer wie redaktioneller Hinsicht. Für die Herausgabe ist Emil Kuh, der bekannte persönliche Freund Hebbels, gewonnen. Voraussichtlich werden zwölf Bände von je 20—25 Bogen à 1 Thlr. erscheinen, von denen die zwei ersten noch in diesem Jahr, die übrigen in monatlichen Zwischenräumen während des nächsten Jahres zur Versendung gelangen.

Dieselben sollen enthalten:

1. Judith, Herodes und Mariamne, das Trauerspiel in Sicilien; 2. Maria Magdalena, Julia, Michel Angelo; 3. Genoveva, Agnes Bernauer; 4. der Diamant, der Rubin, Gyges und sein Ring; 5. die Nibelungentrilogie; 6. Demetrius und Posthuma, dramatische Fragmente; 7. Gedichte; 8. Mutter und Kind (erzählende Dichtung) und Epigramme; 9. Schnock (Erzählung) Novellen, Reisebriefe und vermischte Prosa; 10. 11. Abhandlungen, Kritiken u. s. w.

Endlich können wir von der Bedeutung, dem Werthe und den Tageserscheinungen der dramatischen Kunst nicht scheiden, ohne einer kleinen artigen Spielerei zu gedenken, die wir um so lieber besprechen, als es hier noch nicht um die Interessen der Poesie, sondern um eine hübsche Unterhaltung für die Weltbüger en miniature sich handelt. Wir meinen die Herausgabe von Bühnenstücken für Kinder, die in Hamburg bei Jean Paul Fr. Eug. Richter unter dem Namen Thalia erscheint. Für Geburtstage, Polterabende, Schulprüfungen, sowie zur Aufführung auf Puppentheater sind hier von P. Herrmann, M. Constantin u. A. solche Erzählungen dramatisch bearbeitet, die sich theils eingebürgert haben in der kleinen Welt, theils Epoche machend aufgetreten sind. 1. Heft. Toby und Maly, Schauspiel in vier Aufzügen nach Franz Hoffmanns gleicher Erzählung; 2. Heft. Die Hexe vom Sullberg, Schauspiel in fünf Aufzügen nach Otto Roch's gleichnamigem Märchen; 3. Heft. Der letzte der Mohikaner, Schauspiel in vier Aufzügen und 4. Heft. Onkel Tom's Hütte, Schauspiel in vier Aufzügen u. s. w. dürften des Anziehenden für Kinder wohl darbieten.

Am meisten Bedeutung unter den epischen Dichtungen der allerjüngsten Zeit verdient ohne Zweifel „Ahasverus in Rom," eine Dichtung in sechs Gesängen von Robert Hamerling, Hamburg und Leipzig, Jean Paul Fr. Eug. Richter, 1866. Es ist das das Werk eines der bedeutendsten jüngern Dichter Oesterreichs, der durch seine frühern Schöpfungen: Venus im Exil, Ein Schwanenlied der Romantik, sowie durch sein reizendes Liederbuch: Sinnen und Minnen (sämmtlich im Verlage J. P. Fr. E. Richter's) schon ein verdientes Aufsehen gemacht hat in Deutschland. Eine überaus reiche Phantasie, die größte Gewandtheit in der metrischen Form, eine glühende schwungvolle Färbung seiner Stoffe, die originell und mit philosophischem Tiefsinn aufgefaßt und bearbeitet sind: das kennzeichnet seine Dichtungen überhaupt.

Im „Ahasverus in Rom" schildert Hamerling die sittlich gesunkene Zeit Rom's, wie sie sich im Nero in ihren höchsten üppigsten Ausschreitungen gipfelt. Das Vorrecht der Dichtkunst über die gewöhnliche alltägliche Moral das Amt der Gerechtigkeit zu üben, wendet der Dichter auf Nero so an, daß er hier eine geniale Naturanlage darlegt, die an dem Uebermaß der Versunkenheit und der Greuel seines Vaterlandes zu Grunde geht. Nero ist die personifizirte Selbstsucht, wie sie sich in der Verachtung aller ethischen Grundgesetze des Daseins und in einer Ersetzung derselben durch die schrankenlose Hingabe an die grob-sinnlichen Regungen der Menschennatur offenbart. Die Maßlosigkeit der Sinnengenüsse zeitigt ihren Rächer in sich: den Ueberdruß. Einem solchen erliegt Nero, noch ehe er, durch die Reaktion der empörten Vasallen vom Throne gestoßen, den Tod sucht und findet. Der geistvolle Poet stellt diesem Stolz auf das eigne Ich den Zweifler, den ruhelosen Rebellen, den Ahasver gegenüber, eine Personifikation des Wandels, der Unsicherheit, der ewigen Umwälzung, die allem, auch dem übermüthigsten Besitze, droht. Immer wenn Nero auf dem Gipfel seiner Raserei steht, taucht auf dem dunklen Schatten seines Pfades die unheimliche Gestalt des Juden, wie eine lebende Frage auf. — Hamerling schildert alle Vorgänge dieses zügellosen Lebens, die Ausschweifungen, den Brand Roms fast mit einer übertriebenen Farbenfülle. Der Dichter geht hier oft mit dem Ethiker durch, der als letzte Idee seiner Composition doch darlegen will, daß alle Maßlosigkeit sich selber tödtet. Wenn wir jedoch um Einzelnheiten mit ihm rechten wollen, so müssen wir des Ganzen wegen ihm verzeihen, denn hier offenbart er sich als ein so tiefsinniger Denker, daß wir bei ihm an Dante erinnert werden. Um eine Probe seiner hinreißenden Sprachgewandtheit und der sinnlichen Fülle seiner Beschreibungen zu geben, setzen wir hier eine Schilderung Agrippiniens, der Mutter Nero's, hin:

> O, wer den zaubervollen Raum betritt,
> Der dämmernden, den wollustathmenden,
> Rings ausgeschlagen weich mit indischem
> Geweb' und von berauschenden Aromen
> Arabiens durchwürzt — o, der vergißt
> Was draußen in der goldnen Sonne glänzt,

Den Himmel und das Meer, und Alles gäb er
Für diesen traulich engen, duft'gen Raum
Und seinen wollustvollen Dämmerschein.
Weich hingegossen ruht die üpp'ge Fülle
Des holden Frauenbilds: junonisch ist
Fast übermenschlich ihrer Glieder Bau,
Nun reizend aufgelöst: sie hat die Nacht
Durchwacht zu Rom, bei Nero's Bachanal,
Nun aber regt sie leise sich und öffnet
Das Augenlieberpaar und schüttelt leicht,
Als ein gewaltig Weib, den Traumgott ab,
Wie einen zartbeschwingten Amorin,
Der es gewagt, im Schlaf sie roth zu küssen,
Erschreckt entflattert er. Sie richtet sich
Mit halbem Leib empor und ruft die Sklavin
Und heißt das Bad sie rüsten. Dann vom Lager
Herab setzt sie den Fuß auf Teppiche
Von Babylon, so weich wie Rosenblätter,
Dann streift sie ab der leichten Schlafgewande
Weißschimmerndes Geweb. Es zittert lüstern
Die weiche Fluth schon in der Onyxwanne
Entgegen dieser glanzreich üpp'gen Fülle,
Die sich ihr anvertraut. Was ist denn wohl
In ihrer goldnen Muschel Aphrodite,
Wenn in der Onyxwanne, goldberändert
Sich lagert diese stolze Titanide?
Wie schimmern ihre Glieder durch die Fluth!
Das einz'ge Kleid, das solchen Leibes werth,
Ist ein krystallnes, weil es nichts verbirgt.
Die Welle, ach, wie sollte diese Glieder
Sie kühlen? sie erwarmt in Liebe selbst.
O wie das Element sich, das verliebte,
Dicht an die Hebre schmiegt in süßer Gluth!
Und als sie endlich aus dem Bade steigt,
Wie schwer und langsam reißen sich die Tropfen
Von ihren Reizen los! Die Sklavin trocknet
Der Herrin Leib und läßt dann seinen
Sprühregen aller duftigen Essenzen
Und Oele niederthau'n, wie Perlenstaub
Aetherisch, auf die weiße Gliederpracht
Und sanft dann reibt sie mit der Innenfläche
Der weichen Hand die duft'ge feuchte Salbe
Ihr in die durst'gen Poren. O wie zittert

> So glattgespannt und doch so reich geschwellt
> Die Haut, die blüh'nde, unterm Rosenfinger
> Der emf'gen Dienerin! So glatt und schimmernd
> Ist dieser weiße Leib, wie Marmor vom
> Pentelicus, und doch so weich und rosig,
> Wie kaum die Wolke war, die rosenrothe,
> Die einst Ixion für die Hera nahm.

Welch eine plastische Gestaltungskraft der Dichter besitzt, wird der Leser hieran erkennen. Ohne Zweifel wird er, wenn sich ihm erst kundgethan, daß sich „in der Beschränkung der Meister offenbart" noch eine bedeutende Zukunft haben.

Die Lyrik ist in diesem Augenblick noch stumm; erst zu Weihnachten pflegt sie ihre goldbefiederten Zugvögel zu entsenden.

Was die Novellistik anbelangt, so liegt uns vom unvermeidlichen A. von Winterfeld schon wieder ein Opus vor. Die Reisen von Bambus und Compagnie, Leipzig, Günther, betitelt es sich. Der Humor ist eine gern gesehene Würze des Daseins, nur muß er nicht wie ein alter Weißbierphilister seine Schnurren und Schwänke bis in die Unendlichkeit gedehnt vortragen. Trete er frisch und froh, ein rechtes Kind des freimüthigen, fecken Jünglingsalters, vor uns hin, dann ist er willkommen. Man weiß, daß die Brühe nicht gewinnt, wenn man sie verlängert; ebenso auch kein Roman, wenn man ihn wie hier zu einer endlosen Breite ausspinnt.

König Murats Ende von Bernd von Guseck, Leipzig, Günther. Ein leichter Anflug von deutscher Sentimentalität weht durch diese Welt; es ist eigentlich ein wohlfeiler Patriotismus, alles in der Fremde schlecht zu finden, einem deutschen Musterbilde zu Liebe, das überall hier herumgukt. Sonst ist die Charakteristik der Neapolitaner gut, das Geschichtliche völlig richtig, die Gruppirung und Handlung mit erfahrener Hand angelegt.

Die Czarentochter, von Theodor Hemsen, Leipzig, Grünow, die Arbeit eines talentvollen Anfängers, giebt ein getreues Bild der russischen Zustände mit guter Benutzung der Memoiren zur Zeit Elisabeths.

Die Jakobiner in Oesterreich, von Eduard Rüffer, Prag, Steinhauser, benutzt in sehr ungenirter Weise den österreichischen Historiker Hormayr, ohne durch eigene Gestaltungsgabe seine Menschen zu individualisiren. Es ist ein Buch, das kein Talent verräth.

Vom grünen Tisch, von Michael Klapp, Berlin, G. Behrens, bietet nichts dar als eine Bereicherung der gewöhnlichen Spieltisch-Literatur.

Asclepios, Bilder aus dem Leben eines Landpfarrers von Berthold Siegismund, Wöller, Leipzig. Hier haben wir das Werk eines liebenswürdigen Gelehrten, eines Arztes in Thüringen, vor uns, der leider schon dahingeschieden ist. Mit innigem Verständnisse kleiner Verhältnisse begabt, reich an edler Herzensgüte und Gemüthswärme, voll der glücklichsten Empfänglichkeit für die Natur und ihre malerischen, poetischen Erscheinungen, bietet Siegismund in diesen Aufzeichnungen des Erfreulichen, Anziehenden viel. Wir lernen hieraus, daß man, um wirklich bedeutend zu sein, nicht immer eines glänzenden Piedestals bedarf, sondern daß der gehaltvolle Mann sich auch auf der kleinsten Scholle glänzend bethätigen kann. Niemand wird ohne Genuß das Buch aus der Hand legen und alle werden den Verlust einer so liebenswürdigen Begabung beklagen.

Graf Talleyrand's Jugendliebe, von Mathilde Gräfin Reichenbach, Wolf, Dresden. Eine historische Silhouette der Jugend des Diplomaten ohne tiefern psychologischen Werth mit Leichtigkeit skizzirt.

Aus alter und neuer Zeit, Novellen und Skizzen von Louise Ernesti, (Malvine von Humbrecht) Leipzig, Costenoble 1865, enthält Skizzen und Novellen von sehr verschiedenem Werthe. Eine gewisse Routine der Darstellung ist der Verfasserin nicht abzusprechen, jedoch muß man hier keine eingehendere Würdigung der Zeit- und Tagesfragen erwarten. Es sind die Nippsachen einer legitimen Dame, die zum Zeitvertreib einmal mit der Literatur spielt wie etwa sonst mit dem Schooßhündchen.

Rastlos! Roman aus der Gegenwart von H. Marcotin, Berlin, Wallach. Dieser Romanschreiber hat etwas vom Don Quixote in sich, der gegen Riesen, Zauberer und Dämonen, eine Welt zu begründen und eine alte zu entthronen, auszog, und es nur zu Windmühlenflügeln und argen Beulen am Kopfe brachte. Viel Lärmen, viel Versprechen, viel Geschrei, von fürchterlichen Geheimnissen, Rachethaten, Aufklärungen über geheime Gesellschaften 2c. und zwar in sechs Bänden wird im Prospekt versprochen. Das mit einem gewissen Geschick zusammengesetzte erste Bändchen, das bis-lang erschienen, bringt es noch nicht weit in seinen haarsträubenden Dingen. Man muß das Ende abwarten.

Man sieht, daß sich eine gewisse Dürftigkeit in den novellistischen Erscheinungen des Tages kund thut. Wenn die Poesie nicht auf dem ersten und oft wiederholten Anlaufe die Siegespalme gewann und die erzählende prosaische Literatur oft ausgiebiger in unsern Jahrzehnden gewesen, so macht sich heute etwas wie Stillstand bemerkbar. Wer hätte es jedoch nicht oft im Leben gesehen, daß die wortreiche Trivialität über die gehaltvolle Rede eine kurze Zeit triumphirte. Hoffen wir jedoch, daß bald wieder einer unserer gediegenen Schriftsteller die deutsche Welt mit einem Meisterwerke erfreuen, so müssen wir uns auch selbst sagen, daß jede Frucht langsam sich zeitigt und daß nicht alle Tage Werke von genialer Vollendung gebären können.

Aus
Thomas Moore's Gesängen.

Uebersetzt von Gustav For.

I.
Wenn todt ich bin.

Wenn todt ich bin,
So legt mich hin
In eine stille Gruft.
Wo kein Getön
Durchbebt die Höh'n
Der freien Himmelsluft.

Wallt je ein Sang
Den Hain entlang,
So sei's die Nachtigall,
Die singend klagt
Die ganze Nacht:
Schlaft wohl ihr Todten all'!

Doch wäre mein
Die Thräne dein,
Kläng mir ein Wort von dir —
Wie Sphärensang
Den Sündern klang,
Ertönt' dein Seufzer mir.

Ob ungeweiht
Auch ruht mein Leib,
Ich würde selig sein,
Hört' ich das Wort,
Am stillen Ort:
Ruh' sanft, Geliebter mein! —

II.

Weinlied.

'S ist der Wein, 's ist der Wein! rief der Bursch mit dem Glas,
Als die Rebe der Erde entsprang.
Witz, Liebe und Freude jetzt segnet das Naß
Bei seiner Geburt mit Gesang! —
Bald glühten und flammten die Früchte so schön,
In's Meer taucht die Sonne hinein.
Da zogen drei Genien hinauf zu den Höh'n
Und jauchzten: Heil, Heil dem Wein!

Zuerst erschien schnell wie ein Vogel der Witz,
Und den Blättern entsprüht ein Licht
So blendend und schnell wie des Himmels Blitz,
Der dunkle Wolken durchbricht:
„Erfreut mich dein Nektar, dann schlagen, o Baum,
Auch die Funken des Witzes ein."
Und wieder hallt es vom Waldessaum
So jauchzend: Heil, Heil dem Wein!

Und die Liebe, sie neigt sich im rosigen Schein
Zu den Trauben, und von dem Mund
Haucht sie solch' Sehnen den Zweigen ein,
Daß der Stamm erbebt auf den Grund.
Nie athmeten Blumen der Erde, der See
So entflammende Düfte ein:
'S ist der Wein, 's ist der Wein, klang's in Wonne und Weh,
'S ist der Wein! Heil, Heil dem Wein!

Zuletzt kam die Freude zur herrlichen Stund,
Und als sie die Reben erblickt,
Da tönte ein Lachen aus fröhlichem Mund,
Da war jede Sorge entrückt.
Da brauste wie Sturmwind der mächt'ge Gesang
Durch Fluren und Wälder und Hain:
'S ist der Wein! 's ist der Wein! Und himmelan drang
Das Jauchzen: Heil, Heil dem Wein!

III.

Die Thräne.

Wenn unter Freunden du,
Ein frisches, frohes Kind,
Mir manches Lächeln sendest zu,
Ich's nie mein eigen find'.
Doch wenn du bist allein,
Und deine Thräne fließt,
Dann fühl' entzückt ich, daß sie mein,
Daß sie dein Herz erschließt.
D'rum schenk' den frohen Blick
Der kalten, fremden Brust;
Gieb mir allein das höchste Glück,
Der Thränen süße Lust.
Es glüht der Alpen Schnee
Wohl in des Mondes Glanz,
Und schläft doch kalt auf steiler Höh',
Umsäumt vom Sternenkranz.
Doch manche Thräne fließt,
Wenn nach der kalten Nacht
Die Feuerwogen niedergießt
Der Sonne Flammenpracht
D'rum schenk den frohen Blick
Der kalten, fremden Brust;
Gieb mir allein das höchste Glück,
Der Thränen süße Lust.

Reise- und Geschichtsbilder aus Irland.

Man ist versucht, die Leidensgeschichte Irlands, soweit sie beglaubigt ist — und das wird sie in der That mit dem Augenblicke, wo der fremde Gewalthaber von historischen Zuständen aus in das wirre Reich der Phantasien und Gefühle übergreift — den Regeln dramatischer Kunst gemäß in die Stadien ihrer Entwicklung zu zerlegen; man möchte sehen und begreifen, wie der tragische Knoten sich schürzt und wie er sich lösen läßt. Der historische Stoff selbst, der hier vom tragischen Faden durchzogen wird, bietet dazu die beste Handhabe, wenn er nur durch regelrechte Einschnitte in die geeigneten Epochen zerlegt wird. Es sei uns demnach vergönnt, in der Weise eines Scenarium die fünf Acte der Entwicklung vorzuführen, indem wir kurz und rasch die wesentlichen Momente des Conflicts hervorheben und die vornehmsten Erscheinungen in den beiden feindlichen nationalen Gruppen charakterisiren.

Wie einst Hildebrand dem Normannen Wilhelm zur Eroberung Englands den Segen ertheilte, so ruft ein Papst den Erben und Gebieter über denselben devoten Stamm auf, zur Ehre Gottes ein freies, in anderen Bahnen hinlebendes Volk zu unterjochen. Mit der Bulle Hadrian's IV. wird der Vorhang aufgezogen; ihr Machtwort giebt für das folgende Trauerstück den Ton an. Das Ziel ist die Aufrichtung des orthodoxen Glaubens, der Preis das kraft päpstlicher Machtvollkommenheit vergebene Land. Schon sind Cisterciensermönche mit den Missiven des Papstes und St. Bernhard's auf geistlichem Boden thätig und finden namentlich auch in den von Skandinaven bewohnten Städten des östlichen Irlands Zulaß, als ein keltischer Verräther, dem die Pläne in der Heimath nicht geglückt, eine Schaar normännischer Abenteurer von Wales herüberholt, wo sie bisher nur mäßige Erfolge gehabt. Der gewaltigste unter ihnen, Graf Richard von Clare, genannt Strongbow, der sich durch Vermählung und Besitzergreifung zum mächtigsten Herrn in Leinster aufwirft, wird als der feine, zierliche Rittersmann geschildert, wie er so häufig unter den Normannen, dem aber bei aller Eleganz hohe Gedanken und eiserne Thatkraft nicht mangeln. Neben ihm steht Mac Dermait, der ihn gerufen, ein Riese an Gliedmaßen, von gewaltiger Hand und furchtbarer Stimme, der unter Dankgebeten wohl das Haupt des erschlagenen Feindes an den Mund nimmt, um mit den eigenen Zähnen ihm Nase und Ohren abzureißen. Wer ist der Stärkere, der Barbar oder der Gentleman, der Kelte oder der Germane?

Während nun aber in Ulster, Leinster und Munster Strongbow und seine Genossen mit dem Schwerte in der Hand sich niederließen, geschahen hier Eroberung und Kolonisation unter sehr ähnlichen Bedingungen wie mehrere Jahrhun-

derte später die der Spanier in Amerika. Die Abenteurer, durch das Meer von
der Heimath getrennt, die neuen Herren unter Wilden, widerstanden schwer den
Lockungen, sich von dem Mutterlande gänzlich zu lösen; die Staatsgewalt des
letzteren über seine Unterthanen und deren Eroberung stand durchaus in Frage.
Was Karl V. und die spanischen Könige durch alle möglichen Mittel der Gewalt
und Tücke ersetzen mußten, das that Heinrich II., als er endlich im Jahre 1171
die Bulle Hadrian's durch sein persönliches Erscheinen in Irland zur Ausführung brachte. Glänzend wurde er von Freund und Feind empfangen, alle Normannen und Iren, darunter auch der König von Connaught kamen, um ihm zu
huldigen. Bald indeß wurde Heinrich durch die Angelegenheiten seines Reichs
heimgerufen, um nicht wiederzukehren und den Nachkommen das erste verhängnißvolle Beispiel des Absenterismus zu geben. Seine Herrschaft in Irland
erstreckte sich faktisch wenig über das Gebiet von Dublin hinaus; den Courcies
und Lacies im Norden, den de Burghs im Westen, den Fitzgeralds und Butlers
im Süden blieb die Aufgabe, auf eigene Hand das Feudalwesen auf den Trümmern der Septe aufzurichten; eine römisch-orthodoxe Synode zu Castel suchte
gleichzeitig durch Decrete die Kirche der Culdäer zu reformiren. Indeß verhielt
sich zu diesen kriegerischen und geistlichen Eindringlingen die Masse der Eingeborenen, wie zu den Spaniern die Indianer auf Cuba und der Tierra ferma, die
als Lehnsleute vergeben und getauft wurden, ohne etwas davon zu begreifen. In
den Bergen, Schluchten und Moorgründen behaupteten sie sich unter ihren ange-
stammten Fürsten, die mit der Zeit sogar ganz Ulster und Connaught, alles Land
nördlich vom Shannon, wieder herbeibrachten.

Die Gewalt des Königs von England indeß, der sich Herr von Irland
nannte, blieb nothwendig auf Jahrhunderte hin eine ideale, indem nur die schlech-
testen der Plantagenets, Johann und Richard II., erbärmliche und keineswegs
ehrlich gemeinte Versuche machten, ihre Anerkennung auf der Nachbarinsel durch-
zusetzen. Und ähnlich stand es mit dem Papste, den noch mehrere englische Könige
sich nicht gescheut als ihren Vollmachtgeber und Lehnsherrn über Irland anzu-
rufen und der nicht zu helfen vermochte, wie er wohl gewollt. Die Trabanten
beider blieben als vorgeschobene Posten stehen und auf sich selber angewiesen,
wodurch denn neben der Abwesenheit des Königs noch andere Uebel zum Ausbruch
kamen, die hinfort sich charakteristisch durch die Geschichte Irlands hindurch
ziehen.

Während das Königthum in dem Pale, dem Pfahlgraben, der das Gebiet
um Dublin absteckte, repräsentirt war und dort bis in das sechszehnte Jahrhundert ein verkleinertes und verzerrtes Abbild der englischen Staatsentwickelung bot,
stellte sich die eingewanderte Aristokratie, zumal außerhalb jenes Walls, zwischen
das Prinzip staatlicher Einheit und der nationalen Unabhängigkeit der Iren.
Letzteren wurde es unmöglich gemacht, wie ihre Natur verlangt hätte, staunend
an der sie blendenden Erscheinung der Monarchie hinaufzusehen; eine wilde
Adelslibertät wollte sich andererseits dem Fürsten und seinem Statthalter in keiner
Weise fügen. So gab es bald drei Potenzen neben einander: den kleinen eng-

lischen Staat mit Magna Charta, Schatzkammer und Parlament, die angloirischen Barone und die unbezwungene Masse der Ureinwohner. Hätte eine der dreien in den Tagen des Mittelalters die Oberhand gewonnen, so wäre entweder ein absoluter Despotismus oder ein Reichstag nach der Weise des polnischen oder jäher Rückfall in die Barbarei die Folge gewesen. Allein sie hielten sich gegenseitig in Schach, sie neutralisirten einander. Es würde zu weit führen, wollten wir hier in die wilden, romantischen Einzelheiten eingehen, die von dem Leben und Treiben der Barone und Prälaten in und außer dem Pale berichten; feudal und kirchlich ist schwerlich anderswo im Abendlande scheußlicher gewirthschaftet worden. Die Fehden unter sich und mit den Eingeborenen reißen niemals ab, Kelten und Germanen wetteifern an Grausamkeit. Wer von diesen bessere Habe und einflußreichere Freundschaft daheim im Mutterlande hat, folgt dem Beispiele der Fürsten und absentirt sich gern von seinem irischen Besitze. Die meisten aber setzen Krieg und Eroberung fort, ohne daß sie von der Behörde zu Dublin controlirt werden können. Da, wo Ebene, Thal und Fluß ihre Schätze bieten, nisten sie sich besonders gern ein und richten an Pässen und Furthen jene engen und hohen Schlösser auf, deren Trümmer, von hartem Felsgestein und dichtem Epheu malerisch überhangen, dem Reisenden fast überall im Innern Irlands begegnen. Auch eben so viele Abteien und Klöster sind in diesem Zeitraume entstanden. Der in Krieg, Raub und Mord ergraute Edelmann geht häufig in sich, das religiös-ascetische Feuer des Bodens, mit dem er sich assimilirt, hat in ihm gezündet; und Kreuzgänge, Bogenfenster und Portal, wie sie heute gebrochen und umrankt dastehen, zeigen, wie und wann dort einst normännisches und römisches Leben im Bunde mit einander vorgedrungen.

»Gegen Ende des Mittelalters, als die Plantagenets in den Rosenkriegen zu Grunde gingen, schien das aristokratische Element auch in Irland über das Königthum den Sieg davon tragen zu sollen. Der Pale schrumpfte eher zusammen, als daß er sich erweiterte; wegen des beständigen Haders zwischen englischen und angloirischen Factionen fand ein häufiger, schädlicher Wechsel der Statthalter statt; der jährliche Bericht, daß die Schatzkammer nichts eingenommen, war stehend geworden, — die Regierung war überhaupt in voller Auflösung begriffen. Das große Wort aber führten die angloirischen Barone oder vielmehr Häuptlinge; denn die Nachkommen der einst so vornehmen und feinen Normannen waren in vielen Fällen geradezu zu Kelten verwildert: so sehr hatte die Naturkraft des Boden und der Nation, unter die sie eingedrungen, auf sie zurückgewirkt. Man sah sie sich wie Iren tragen und benehmen, mit bloßen Beinen ohne einen Sattel die struppigen Pferde des Landes besteigen, einen Clan um sich bilden, ihm nach altirischer Art Gut und Blut aussaugen, das wilde einheimische Erbrecht adoptiren, ihrer ganzen Herkunft untreu werden. Aus anglonormännischen Stammbäumen waren Mac Mahons, Mac Sweenies, Mac Shehies entsprossen, die de Burghs waren zu Burkes, ein Zweig der Fitzgeralds zu Desmonds geworden, echte Kelten hausten wieder unter den Mauern von Dublin und Waterford. Merkwürdig, wie sich hier dieselbe Entwickelung vollzieht, wie an den Ostmarken der germanischen Welt, wo der niederdeutsche Adel, der einst Mecklenburg, Pommern und andere slavische Gebiete kolonisirt hat, bis heute die junkerlich slavische Libertät, die den Ahnen aus dem Boden in's Blut übergegangen, nicht völlig abzustreifen vermag.

Den Angloiren erging es wie dem Mischlingsgeschlecht der Spanier in Mexico und Südamerika: sie warfen sich zwischen zwei mit einander ringende Racen, Rechte und Culturstufen störend und hemmend, in die Mitte. Man glaubt schon den Verhältnissen jener Kolonialstaaten zu begegnen, wenn man liest, wie in den englischen Staatsacten der Zeit zwischen des Königs irischen Unterthanen, des Königs irischen Rebellen und des Königs irischen Feinden (auch wohl Irrois sauvages) sorgfältig unterschieden wird. Mit Gesetzen, den irischen Brehon oder den Statuten von Westminster, war hier nicht zu regieren, ihr Gegensatz gerade schürte die heillose Verwirrung, in welche die beiden mächtigen Factionen der Butlers und Fitzgeralds, jene hauptsächlich in Kilkenny, diese in Kildare ansässig, sich gegenseitig bekämpfend, Staat, Kirche und Nationalität unwiderbringlich hineinzureißen drohten.

Der zweite Act umfaßt das sechszehnte Jahrhundert, als über England das Haus Tudor gebot, das zwar die Zügel der Verwaltung straffer anzog, aber der mittelalterlichen Aristokratie zuwider sich mehr mit den Bedürfnissen und Gedanken des Volks zu befreunden verstand. Die Tendenzen und Geschicke dieser Dynastie sollten Irland dauernd, jedoch mit furchtbaren Mitteln an Großbritannien ketten. Es läßt sich nicht sagen, daß die Plantagenets, soweit sie überhaupt ihren Staat jenseits des St. Georgs-Canals zur Geltung brachten, dort systematischen Druck geübt hätten, auf dem Wege der Gesetzgebung vielmehr, namentlich durch die Statute von Kilkenny, suchten sie die beiden Racen scharf und keineswegs unmenschlich von einander zu scheiden. Aber das wie ein Unkraut wuchernde Mischgeschlecht vermochten sie auf diese Weise nicht zu beseitigen. Ihre Nachfolger befolgten bald ein anderes System, obwohl im Anfange ihre Erlasse bei den geistlichen und weltlichen Magnaten des Pale kaum dreißig englische Meilen landeinwärts Gehorsam fanden. Ihr Zweck war, die ganze Insel den **englischen** Gesetzen zu unterwerfen.

Nachdem Heinrich VII. nur kurze Zeit seine Stellvertreter aus den Häuptern einheimischer Factionen genommen, deren Macht weit mehr im freien Irland als in dem unterworfenen Bruchstück wurzelte, nachdem er vorzüglich an dem Grafen von Kildare, dem Chef der Geraldinen, böse Erfahrungen gemacht, fertigte er einen bewährten englischen Kriegs- und Staatsmann als Stattbalter ab, den Sir Edward Poynings, dessen Waffen zwar den wilden Gegnern in dem völlig unwegsamen Innern nicht beikommen konnten, dessen Ordonnanzen aber, das berühmte Staatsgrundgesetz vom Jahre 1495, eben weil sie der englischen Herrschaft einen festen Unterbau geschaffen, seinen Namen im Munde aller Patrioten der kommenden Jahrhunderte und selbst derer, die heute noch heißer Repeal! schreien möchten, mit ewigem Fluche beladen haben. Das Gesetz bestimmte, daß die englischen Statute auch in Irland Kraft haben sollten, daß das irische Parlament nichts ohne Genehmigung des Staatsraths zu Westminster zu Beschluß erheben dürfte. Mit Hülfe des heimathlichen Rechts begann man, das keltische Treiben der degenerirten Herren zu sprengen, die Umwandlung freier Insassen in Leibeigene zu hemmen, den Mord als Mord zu bestrafen, überhaupt das immer wieder aufschießende Clanwesen an der Wurzel zu packen. Aber ein Jahrhundert reichte kaum hin, um nur einigermaßen zum Ziele zu gelangen. Zwar wirkte die Politik Heinrich's VIII., der mit Kraft und Klugheit in seinem Königreiche sich zum unumschränkten Gebieter gemacht, auch mächtig nach Irland hinüber: seine Feldherrn drangen gen Westen vor, seine Staatsleute wußten bereits die Gefolgschaften mehrerer Häuptlinge abspänstig und für englische Sitte empfänglich zu machen. Aber der Kampf behauptete doch nur in größeren Dimensionen denselben gräßlichen Charakter, den ihm einst die Angloiren verliehen. Wie mancher Magnat, mit irischen und englischen Titeln bedacht, endete im Tower oder am Galgen, oder wurde, obwohl ihm Leben und Freiheit auf dem Sacramente beschworen, verrätherisch und heimtückisch bei Seite geschafft! wie wateten die Rebellen, wenn sie einmal gesiegt, dann wieder im Blute derer, die ihnen die Civilisation bringen wollten! Kein Wunder, daß, wenn man die letzten Sprossen der Fitzgeralds vertilgt zu haben meinte, als Rächer sofort andere Dynasten sich erhoben.

Es war ein Uebelstand, daß England auch in diesem Zeitalter, obwohl mit unvergleichlich gekräftigten Mitteln, doch stets vorwiegend nach anderen Richtungen hin engagirt blieb. Die Umwälzungen im eigenen Regimente mußten nothwendig auf die Kolonie zurückwirken; daher der häufige Wechsel unter den meist tüchtigen Statthaltern; Intrigue, Anschwärzung, Bestechung, das Verderben so manchen Pflanzstaats, waren beständig thätig, um die ausgestreute gute Saat wieder zu vernichten. In den Tagen, als Englands maritime Jugend auf allen Meeren ausschwärmte, warf sich manch' verwegener Abenteurer auch auf Irland, wo das Grundeigenthum in immer größerem Maaßstabe confiscirt wurde und leicht ein Gut zu erhaschen war. Der letzte große Kampf, in welchem die Septe und der Häuptling alten Stils schließlich untergegangen, zieht sich entsetzlich durch die lange Regierung Elisabeth's; sein Gedächtniß knüpft sich an die Namen O'Neil's, Desmond's, des Grafen Tyrone, die, obwohl Halbbarbaren, sich mehr, als man gewöhnlich denkt, dem Hofe zu London und seinen Ordnungen zu nähern gewußt haben. Die hohen Eigenschaften des letzteren namentlich, seine ritterliche Tapferkeit verfehlten nicht, die Königin ihm gewogen zu machen, sie mußte es erleben, daß ihr Günstling Essex ihm gegenüber den Kürzeren zog. Doch Gewalt und Tücke schmetterte endlich diese letzten Repräsentanten altkeltischer Politik nieder.

Das Land freilich war über solchen Kämpfen zur Einöde geworden. Edmund Spenser, der Dichter der "Fairy Queen," der als Secretär eines Statthalters längere Jahre in Irland gelebt und namentlich den Südwesten kennen gelernt, der zuerst in einem Werke die politische Frage erörtert: „Weshalb ist es England nicht gelungen, Irland zu unterwerfen," schildert den Zustand Munsters folgendermaßen: „Aus jeder Waldecke," schreibt er, „aus den Schluchten krochen die Leute auf den Händen herbei, da ihre Beine sie nicht mehr tragen konnten; sie sahen aus wie Todtengerippe, sie sprachen wie Geister aus den Gräbern; sie aßen von gefallenem Thier, glücklich, wo sie es finden konnten, ja, sogar einer den Andern, denn selbst die Leiber scharrten sie aus den Gräbern hervor und schonten ihrer nicht; und wo sie ein Fleckchen Wasserkresse oder Klee fanden, da sammelten sie sich wie zu einem Feste, ohne doch lange davon zu bestehen, so daß in kurzer Zeit fast Niemand übrig war und eine bevölkerte und reiche Landschaft plötzlich von Menschen und Thieren verlassen schien. Und doch erlagen in dem ganzen Kriege nicht eben viele dem Schwerte, sondern alle dem furchtbaren Hunger, den sie sich selber bereitet." Hunger und Sterben, die schrecklichen Genossen des Krieges, also kehrten von jeher in Irland ein, und schon der Engländer unter Elisabeth urtheilt über diese furchtbaren Geißeln nicht anders wie der unter Victoria.

Aber längst schon stand hinter solchen Furien die Megära, welche die Fackel des Glaubenshasses über dem unglückseligen Volke schwang. Als Heinrich VIII. sich von Rom losriß, als er zuerst statt eines Herrn sich König von Irland nannte, um im Voraus jedem Rückgriff auf die päpstliche Verleihung im zwölften Jahrhunderte zu begegnen, da dachten unter den Iren Freunde und Feinde nicht daran, sich sofort für den katholischen Glauben zu erklären. Im Gegentheil, die meisten der kleinen Herren frohlockten, als ihnen von den Klöstern, deren seit 1535 an die 400 eingezogen wurden, ein Antheil der Beute zufiel. Geistliche wie Laien hatten keinen Begriff, daß eine Reformation im Anzuge sei; die Kirche, die fortan die anglicanische Staatskirche hieß und seitdem alle Kirchenbauten des Mittelalters als ihr Eigenthum festgehalten, bewahrte einen Ritus, der zunächst kaum merklich von dem altkatholischen abwich. Als um dieselbe Zeit die Fitzgeralds rebellirten und einen Engländer hinmordeten, der zum Erzbischof von Dublin und zum Kanzler eingesetzt worden, da standen Desmond und andere zwar schon in Verbindung mit Karl V., aber von confessionellem Gegensatze findet sich noch keine Spur. Selbst unter Eduard VI. und der blutigen Maria hat die streng protestantische und wieder streng katholische Regierung in Irland kein anderes Interesse, als sich nach Tudor-Weise politisch zu consolidiren. King's und Queen's County, bis wohin nun westlich von Dublin ihr Einfluß durchgreifend geworden, sind nach Philipp und Maria genannt. Noch lange halten katholische Magnaten und selbst katholische Bischöfe treu zu der Staatsordnung des Pale, und es finden sich Rebellen, die gleich den Anglicanern dem Papste abgeschworen. Erst als Paul IV. Elisabeth in den Bann gethan und das orthodoxe Europa gegen sie aufgehetzt hatte, als der neue Orden kampffähig geworden, und wie einst die Cistercienser im zwölften Jahrhunderte zu Hülfe gerufen, da wirft sich die erstarkte katholische Reaktion mit besonderer Wuth auf Irland, und fremder, romanischer Einfluß stellt sich der vordringenden Macht Englands entgegen. Der große Tyrone, obwohl er sich wenig um Confessionsunterschiede gekümmert, erhält zugleich mit dem Segen des Papstes einen geweihten Kopfputz von Phönixfebern, und seine so leicht reizbaren Völker werden von fanatischen Sendlingen zu wilder Glaubensbegeisterung entflammt. Jetzt erst werden die keltischen Jren streng katholisch, jetzt erst tritt zu dem alten Gegensatz der Race der neue der Religion. Die Bisthümer ultramontaner Opposition, eine Nationalkirche im Gegensatz zur Staatskirche, werden inmitten grauenvoller Hergänge gegründet. Wiederholt landen die Spanier im Süden und Westen, um den Glaubensgenossen Rückhalt zu bieten — deutet doch die südliche Erscheinung von Häusern und Menschen von Galway heute noch auf den stürmischen Verkehr jener Tage hin — wiederholt. geben tapfere protestantische Führer unbarmherzig den Gegnern die Grausamkeit zurück, welche damals allgemein die Action des großen spanisch-jesuitischen Angriffs charakterisirt. Die Predigt der Jesuiten, die Pönaledicte, mit denen Elisabeth ihr Leben, ihren Staat und ihre Kirche schützen mußte, trieben nunmehr die beiden Confessionen immer schärfer auseinander, so daß sie in Irland mit den Schlachtreihen der kämpfenden Stämme zusammenfielen. Seltsam, während die einst katholische Kirche des Pale protestantisch geworden, wird die nationale Kirche, die sich bisher so schwer von der Weise ihrer culdäischen Begründer entwöhnte, wie mit einem Schlage streng römisch; Anglicanerthum und Ultramontanismus sind nur andere Phasen des alten Gegensatzes der Race.

Was Wunder, daß der Nationalhaß von jetzt an doppelt geschärft erscheint. Die Fremden, die seit vier Jahrhunderten die Insel zu erobern gesucht, bringen unter dem Schilde ihrer neuen Kirche vorwärts. Diese Kirche selbst ist eine Eroberung, denn die Gebäude, die Pfründen, ihre liegenden Gründe sind den Besitzern entrissen, sie findet mit ihrer Lehre und ihrem kalten Ritual keine Stätte in dem warm schlagenden Herzen des schmählich beraubten Volks. Der anglicanische Klerus hingegen, meist nicht ein Muster des christlichen Hirtenamts, obwohl keineswegs ohne einige fromme, gelehrte und einsichtsvolle Männer, bietet seitdem das Bild eines fremden, vornehmen Instituts, das von den Zehnten elender, in den Staub getretener Katholiken vegetirt und, weil ungerechten Ursprungs, ohne Segen wirkt. Das Dreifaltigkeitscollegium zu Dublin, eine von Elisabeth nach dem Muster von Oxford und Cambridge aus geistlichen Spolien ausgestattete Universität, ist fast nur als Pflanzschule für dieses Institut und den Staatsdienst thätig gewesen; sie blieb grundsätzlich der anderen Confession, dem irischen Volke verschlossen. Bis fast in unsere Tage herab hat England sich enthalten, dem so hoch begabten Stamme zur Erziehung und zur Bildung zu verhelfen.

Und dieser, zu dessen Beistand von jenseits des Meers die spanische ultramontane Orthodoxie herbeigeeilt, vermag, aller materiellen Grundlagen beraubt, nur eine Bauernkirche aufzurichten, entblößt von allen Schulen und unter dem Drucke des vernichtenden Systems, das Spanien moralisch zu Grunde gerichtet, sich weder in Priestern noch Laien aus Unwissenheit und Aberglauben zu erheben. Diese Kirche, die nach englischem Staatsrechte nicht existirt, hat aber vor ihrer Rivalin den großen Vorzug, daß sie, so jämmerlich es ihnen auch gehen mag, Hirten und Heerden innig verbindet, und daß, trotz aller geistlichen Wühlerei und Pfaffenherrschaft, im Privatleben der Priester sich ein Funke altirischer Frömmigkeit und

Sittenreinheit, und in der Gesammtheit ein Enthusiasmus für den so lange gedrückten Glauben erhalten hat, der heutigen Tags hier am äußersten Rande Europas fast vereinzelt dasteht. Man muß in der St. Patrick's Kathedrale zu Dublin, wo sich noch der Brunnen befindet, in dem einst der Heilige die ersten Christen getauft haben soll, dem pomphaften anglicanischen Ritus beiwohnen und hinaustreten in die nächsten Straßen, wo wie in einem Ghetto das verstoßene Volk dicht, schmutzig, aber liebend um das entrissene Heiligthum gelagert, zu Tausenden wohnt; man muß durch ganz Irland in Stadt und Land die winzigen, in Rococo oder aftergriechischem Stil errichteten Meßhäuser stets vollgedrängt und daneben die gothischen Bauten nur spärlich besucht gesehen, man muß gehört haben, wie der katholische Ire seinen Tempel überall bescheiden eine Capelle und den der Gegner die Kirche nennt, und man wird erst völlig begreifen, welche furchtbare, erfolgreiche Waffe die anglicanische Staatskirche in der Hand der Eroberer gewesen ist. Sie hat vollbracht, was der Krone und den Baronen allein nicht gelungen.

Das große Wetter, das mit den Stuarts über Großbritannien hingezogen, hat auch in Irland tiefe Spuren hinterlassen —: es umfaßt die **dritte** Epoche, in der sich die Fäden mit dem Einschlag schicksalsvoll verschlingen. Unter Jakob I., dessen pedantische Königskunst doch manchen richtigen Gedanken zur Ausführung brachte, erscheint zuerst die ganze Insel in Grafschaften eingetheilt und tritt gesittetes englisches Erbrecht fast durchweg an die Stelle des wüsten Brauchs von Brehon und Tanistry. Aber während eine Union der drei Kronen auf dem Haupte des zweiten Salomo stattfindet, geschehen in den einzelnen Ländern nach dem Maaßstabe je ihrer politischen Befähigung sehr verschiedenartige politische Experimente. In Irland berief Jakob ein Parlament ohne Unterschied der Race und des Glaubens, doch keiner der beiden Theile besaß die Befähigung zu paritätischem Dasein. Schon bei der Wahl des Sprechers gerieth man einander in die Haare: als die katholische Minderheit rascher bei der Hand war und ihren Erwählten auf den Stuhl erhob, stülpten die Protestanten ihren Sprecher jenem in den Schooß. Eine organisirte politische Agitation, hauptsächlich von den Priestern geleitet, kam jenen vielfach zu Statten.

Sie bedurften derselben zu ihrem Schutze um so mehr, als das alte Object, um welches es sich seit mehr denn vier Jahrhunderten gehandelt, Land, in dem Zeitalter, da Alles über das Meer ging, um nach großartigen Systemen kolonisiren zu helfen, von Neuem doppelt begierig in Irland gesucht wurde. Die großen Confiscationen der letzten Regierung brachten manche Niederlassungen nach dem Westen und Süden; doch die denkwürdigsten Kolonien zogen nach Norden und Osten, in die weiten Gebiete von Ulster, betriebsame Schotten und die zahlreichen Ansiedler der Londoner Commune. Mit ihnen faßten ächt puritanischer Protestantismus und bürgerliche Selbstverwaltung Fuß. Ihr Anrecht an Grund und Boden, die Austreibung der noch septenartig aneinander klebenden Urbewohner darf man freilich nicht erforschen wollen; eine eigene Klasse von „Entdeckern" vermittelte das für die Kron- höchst einträgliche Geschäft mit denselben und wandte in besonders ernsten Fällen sogar ungehindert peinliches Verfahren an.

Unter Karl I. wurde der Druck dieses Systems kleinlicher und darum empörender. Nicht nur Erleichterung von den strengen religiösen Strafgesetzen ließ sich dieser Fürst um hohe Bußsummen (graces) von den Katholiken abkaufen, sie meinten um ähnliche Abgaben den noch geretteten Grundbesitz sich erhalten oder selbst geringfügigere Dinge wie ihren jämmerlichen Brauch bebaupten zu können, Rinder und Pferde mit dem Schwanze statt des Geschirrs an den Pflug zu spannen. Und wie bezeichnend für die verrätherische Sinnesweise Karl's, der alle diese Schmerzensgelder einsteckte: hinterher hat er seine Bewilligung wohl unter dem Vorwande widerrufen, daß er ohne vorherige Genehmigung des englischen Staatsraths, also gegen Poynings' Gesetz gehandelt. Mittlerweile war der gescheute Förderer seiner reactionären, volksfeindlichen Gedanken, Graf Strafford, eben in Irland unermüdlich thätig, aus den dortigen verwegenen Elementen ein stehendes Heer zu schaffen, indem er zwar nach großem Maßstabe den Landraub fortsetzte, durch Einführung neuer Betriebsmittel, wie der Linnenindustrie, aber auch die Kraft von Land und Leuten hob. Allein seine irische Administration, die allerdings zum ersten Male dort mit Gewalt der Krone Respect verschaffte, offenbarte doch schon zur Genüge das verderbliche Ziel dieses bedeutenden Mannes: die nach Laud's Prinzipien auch in Irland schaltende anglicanische Kirche erbitterte Katholiken und Puritaner, alle Theile bekamen den modernen Despotismus zu schmecken, mit welchem Karl Stuart religiöse und politische Freiheit unter die Füße treten wollte. Ein Land wie Irland zu regieren, mochte der Graf freilich ganz geschaffen sein, aber schon wurden seine Grundsätze in den beiden anderen Reichen hartnäckig angefochten, und die Vorkämpfer der Freiheit hatten Brüder und Freunde auf der grünen Insel. Mit der Revolution in England erplodirte gleichzeitig der von allen Seiten aufgeschichtete Zündstoff in Irland.

Von Anfang an standen die Puritaner der Kolonie und die gedrückten irischen Katholiken auf der Lauer, jene in engster Beziehung zu ihren tapferen englischen und schottischen Gesinnungsgenossen, diese geleitet und angestachelt durch geistliche Agenten, die von Paris, Madrid und Rom ihre Parole empfingen. Jedoch, sobald Strafford's Haupt gefallen, als das Parlament zu Westminster dessen irische Truppen aufgelöst hatte und daran ging, in der großen Remonstranz nebst Sternkammer und hoher Commission die Prärogative der Krone und die Macht der anglicanischen Hierarchie zu brechen, da wurden die bösen Geister auf beiden Seiten, die bisher mit Anstrengung in Zaum gehalten worden, zu wilder Wuth entfesselt. Zum festgesetzten Tage brachen vornehmlich unter Führung Phelim O'Neil's und Roger O'More's, in denen noch einmal eine Reminiscenz der alten Häuptlinge aufflackerte, und durch fanatische Ordensbrüder angefeuert, die Katholiken altirischer wie englischer Zunge über die Protestanten des Pale und der Kolonien im Norden herein und richteten jenes fürchterliche Blutbad an, in dem an die Hunderttausend zu Grunde gingen. „Die Motive der sicilianischen Vesper durchdrangen sich mit denen der Bartholomäusnacht," wie Ranke sagt.

Die englisch-schottische Partei setzte sich freilich bald erfolgreich zur Wehr, indem sie die Gräuel, die sie erfahren, mit ausgesuchter Grausamkeit zurückgab; allein das blutige Massacre und die Forderungen der an Stuart festhaltenden Barbaren offenbarten doch den inneren Zusammenhang, in welchem diese Ereignisse mit dem so eben in England und Schottland scheiternden Despotismus standen. Karl selber, das ist sicher, hatte keinen persönlichen Antheil an dem Ausbruch, denn umsonst haben sich seine erbittertsten Gegner alle erdenkliche Mühe gegeben, die Beweise herbeizuschaffen. Allein die Bewegung war ihm keineswegs entgegengesetzt; die irischen Katholiken, denen er allerlei Indulgenzen gewährt, erblickten gleich ihm in dem Parlamente von puritanischer Ueberzeugung den geschworenen Feind, und der König hat von dem Eindrucke, den das furchtbare Ereigniß machen müsse, noch einmal eine Wendung zu seinen Gunsten gehofft. Erst später, in halber Verzweiflung, hat er den Iren Zugeständnisse angeboten — Zugeständnisse, deren Erfüllung aus ihm einen Vasallen Roms gemacht haben müßten.

Während der folgenden Revolutionskämpfe lassen sich Anfangs in Irland vier Factionen unterscheiden: die verbündeten irischen Katholiken, der katholische Adel des Pale, die protestantischen Royalisten und die Anhänger des Parlaments, die auch hier bald in königliche Presbyterianer und republikanische Independenten auseinander gingen. Im Laufe der Zeit blieben nur zwei Factionen: Ultramontanen und Independenten; jene, getrieben von Pfaffen und Nativisten, und der Weisung eines päpstlichen Legaten folgend, trachteten die Insel einem auswärtigen katholischen Fürsten zuzuwenden, diese dagegen alle Abgöttischen mit der Schärfe des Schwertes zu schlagen und dadurch Irland sächsisch zu machen. Zwischen beiden fand schließlich Graf Ormond, der einzige, der mit Mannesmuth und Treue nicht von der Fahne des Königs wich, und der lieber die letzten festen Plätze den englischen Parlamentariern als den katholischen Barbaren auslieferte, keinen Platz mehr. Erst als Karl's Haupt gefallen und mit der Errichtung der Republik in England zunächst die Waffen ruheten, wurde den Siegern Zeit, für das Gemetzel, das neun Jahre unbestraft geblieben, volle Rache zu üben und einen Versuch, von Irland aus das anglicanische Königthum wieder aufzurichten, im Keime zu ersticken.

Im Sommer 1649 erschien Oliver Cromwell, den das Schwert factisch schon an die Spitze des neuen Staatswesens gebracht hatte, mit seinen eisernen Kerntruppen als General-Gouverneur in Irland, und fuhr wie ein Donnerkeil auf die Häupter der Royalisten englischer Abstammung wie der Nationaliren, die in sehr loser Einigung einer solchen Kraft gegenüber am Wenigsten geschlossen zu widerstehen vermochten. Die Härte, mit der er bei'm Sturme von Drogheda und Wexford Alles über die Klinge springen ließ, hat er keineswegs fanatisch, sondern kaltblütig damit zu entschuldigen gesucht, daß dadurch fernerem Blutbade vorgebeugt werde. Was englisch, wenn auch katholisch war, ging über oder unterwarf sich; das Keltenthum setzte sich bald nur noch in einigen festen Plätzen des Westens oder in den Sumpf- und Bergdistrikten von Ulster, Connaught und Munster zu verzweifelter Wehr; Hugh O'Neil und Hugh Mac Phelim, auch wohl ein streitbarer Bischof wie vor Alters waren die Führer. Hatte einige Jahre zuvor der Nuntius des Papstes die Insel von Großbritannien abzureißen und dem katholisch-romanischen Europa zu annectiren getrachtet, so zog sie der große Oliver nun um so fester zu seinem protestantischen Staate hinüber; ihm galt es, noch ganz anders zu kolonisiren, als Tudors oder Stuarts jemals zuvor gethan.

Zwar fiel es ihm nicht ein, eine ganze Race vom Erdboden zu vertilgen, auch wenn er, wie er sich ausdrückte, Irland gleich Yorkshire machen wollte. Aber der Krieg hatte doch den gehetzten Kelten arg zugesetzt, Tausende wurden als Sklaven nach Westindien geschleppt, Tausende flohen in's Ausland, um unter fremden Fahnen den Protestantismus bekämpfen zu helfen. Und mit den Zurückbleibenden ließ sich der Sieger wegen ihres Glaubens auf kein Compromiß ein, wie Karl und seine Statthalter immer wieder zu ihrem eigenen Verderben versucht hatten; von Anerkennung einer katholischen Kirche konnte keine Rede sein. Ruhe, Ordnung und ein Aufschwung in allen Segnungen des Friedens, wie sie die Insel zuvor niemals gekannt hatte, erzielte seine staatsmännische Meisterhand aber dennoch vorzüglich durch zwei Mittel. Einmal siedelte er Schaaren seiner siegreichen Genossen und hinterdrein ziehender Landsleute auch in Gegenden an, wohin bisher die Kolonie noch nicht vorgedrungen, so daß fortan nur Connaught, das nordwestliche Viertel, specifisch keltisch blieb, und das Uebergewicht der englischen über die Urbevölkerung auf immer festgestellt wurde. Ein aufmerksames Auge wird heute noch die Spuren der gottesfürchtigen, tapferen und arbeitsamen Pflanzer aus jenen Tagen entdecken können. Ferner aber wurde Irland durch eigene Abgeordnete im Parlament zu Westminster vertreten und jede Schranke des commerciellen Verkehrs mit dem Mutterlande beseitigt. Allein andere Anforderungen riefen Cromwell nur zu bald wieder ab, und wenn auch während des Protectorats zunächst Ireton die letzten Plätze im Westen unterwarf und nach ihm der tüchtige Heinrich Cromwell das Werk des Vaters fortsetzte und festigte, so trat doch bald nach dessen Tode in allen drei Reichen die Restauration ein. Für Irland bedeutete sie die Sprengung jener politischen Union. Der Name dessen aber, der sie zu begründen versuchte, lebt seitdem als ewiger Schrecken beim irischen Volke, obwohl es nach den nun wiederum entrissenen Gütern mehr als anderthalb Jahrhunderte vergeblich hat seufzen müssen. Wo nur in Stadt und Land eine besonders mächtige Burgruine sich erhebt, da hat Cromwell sie dazu gemacht; und am Gestade des atlantischen Meers, an den Baien von Galway und Clewe, bis wohin er selber doch niemals vorgedrungen, da scheucht heute noch die Mutter ihr schreiendes Kind mit seinem fürchterlichen Namen zur Ruhe.

So wie sein Werk wieder zerfiel, brachen auch die Stürme des Racen- und Glaubenshasses noch einmal wieder herein, noch einmal erneuerte sich der Kampf um Grund und Boden. In diesem Punkte aber wußten die letzten Ansiedler, Cromwell's Eisenseiten, festzuhalten, was ihnen zuertheilt worden, und die revolutionäre Besitzergreifung ist trotz aller Kunstgriffe der verjagten Eigenthümer nicht wieder rückgängig gemacht worden. Allein mit der Sprengung des einheitlichen Parlaments in drei gesonderte begann englischer Eigennutz, gestachelt durch die Entfaltung von Handel und Gewerbe in Irland, wie sie Cromwell und vor ihm schon Strafford angeregt, zuerst durch einen kurzsichtigen und naturwidrigen Schutzoll sich und der Nachbarinsel den Unterhalt und gedeihliche Weiterentwicklung abzuschneiden. Der Kern aller dieser Uebel aber lag doch in der Rückkehr der Stuarts, die, nunmehr am Gängelbande eines Ludwig's XIV., schamloser, als ihr Vater es gewagt, den Katholiken Irlands goldene Verheißungen machten.

Erst Jakob II., als er sich anschickte, um in bigottem Unverstand seine Kronen zu verspielen, schien als Katholik auf dem Wege, den Iren gerecht zu werden. Sein Statthalter Tyrconnell, von verwegener angloirischer Herkunft, führte die keltischen und die englischen Glaubensgenossen wieder zusammen. Aber die Proscriptionsacten des Dubliner Parlaments gegen die protestantischen Ansiedler aus den letzten Jahrzehnten offenbarten nur zu sehr, daß es einem Theile dieser Royalisten weit weniger um ihren Glauben als um das stets bestrittene Land zu thun war; die Urbesitzer wären mit Hülfe dieser Maaßregeln niemals wieder zu ihrem Recht gekommen. Der zweite Bürgerkrieg des Jahrhunderts brachte unter ähnlichen Erscheinungen wie der erste bald einen Umschwung herbei; er gipfelte in dem Heldenmuthe der Vertheidiger von Londonderry und Enniskillen und in Wilhelm's III. kurzem, entscheidendem Siegeszuge, Thaten, denen Macaulay's glänzende Darstellung ein unvergängliches Denkmal errichtet hat. Die Tendenzen und ihre Träger verfolgten ungefähr wieder die Bahnen, welche Cromwell einst geschritten, aber nach den befestigten und in einigen Stücken wenigstens auch milderen Normen des Jahres 1688.

Mit dem achtzehnten Jahrhunderte hebt der vierte Act an. Das englische Wesen, parlamentarisch, protestantisch hatte das Feld behauptet; das keltische Element war jämmerlich zurückgetrieben oder unterworfen. Seine besten Kräfte waren in alle Winde zerstoben und conspirirten in bitterem Exil, wie etwa heutzutage die Polen. Aber wenn man immer noch England die Mittel vorwirft, mit denen es sich selber Freiheit und Herrschaft errungen, wenn man warnend auf die tapferen Verbannten hinweist, die in der Kriegsgeschichte Europa's ihr Schwert damals wie heute noch bald den Bourbonen in Spanien, bald den Lothringern Oesterreichs, bald den Bonapartes leihen, so übersieht man, daß auch die andere Seite in Folge des großen Glaubenskampfes Verbannte bei sich aufnahm, daß namentlich Hugenotten für den großen Kurfürsten am Rhein, wie für König Wilhelm am Boyne fochten. Der eigentliche Schaden, der wunde Fleck, der Fluch, den England mit seinem Siege überkam, lag in der Unmöglichkeit, gegen die Besiegten Toleranz zu üben. Wilhelm III., in diesem Puncte wie in so manchem seiner Zeit und seinen Völkern voraus, wünschte entschieden Gnade für Recht ergehen zu lassen. Aber man weiß, wie er, der erste wahrhaft constitutionelle Fürst, daheim und dem katholischen Europa gegenüber gebunden war, wie er nicht verhindern konnte, daß allerdings erst einige Jahre nach seinem Tode der grünen Insel jene Knebel angelegt wurden, die vermittelst intoleranter, grausamer Gesetze Alles, was katholisch geblieben, geradezu für rechtlos erklärten, indem ihm der Genuß der britischen Freiheitsmittel, zumal jeder Antheil an der parlamentarischen Verfassung abgesprochen wurde. Der fürchterliche Strafcoder, mit dem die siegreichen Whigs die Beute festhielten, ist, von welcher Seite man ihn auch betrachtet, jeder Beschönigung bar; er bildet ein Schandmal inmitten der Aufklärung des Jahrhunderts und gerade in dem politischen Systeme, das eben anfing als das gediegenste die Augen der Welt auf sich zu lenken. Die Wirkung seiner unmenschlichen Prinzipien mußte nothwendiger Weise in sociater wie politischer Beziehung beiden Theilen noch verderblicher werden, als der Racen- und Glaubenshaß, wie er die bisherige Geschichte mit Thränen und Blut erfüllt. Den Verfolgten ist jede Möglichkeit genommen, ihren Angehörigen Unterricht zu verschaffen: treten sie nicht über, so bleiben sie als Katholiken von den Schulen ausgeschlossen, um wie die Wilden aufzuwachsen; suchen sie die Kinder in's Ausland zu schicken, so werden sie an Freiheit und Habe gestraft. So wurde ein Volk mit hellen, lernbegierigen Köpfen dahin getrieben, daß die Armuth hinter den Hecken, in den Gräben an der Straße oder im Schmutze armseliger Hütten unter den Schweinen sich einen Lehrer suchte, dessen Mühe mit wenigen Stücken Torf, mit Kartoffeln und Eiern gelohnt wurde. So knüpfte sich nur um so fester das innige Band zwischen Laien und Priestern, die denselben Sphären entsprungen, so wurden die wenigen Bevorzugten in Glauben, Wissen und Haß auf die doch niemals völlig zu sperrende auswärtige Verbindung angewiesen. Die Verfolgten, im Verlauf der Eroberungs- und Bürgerkriege in der großen Mehrzahl von freien Landbauern zu Pächtern und Einliegern herabgesunken, durften ferner grundsätzlich nicht mehr freies liegendes Eigenthum erwerben, und während Protestanten wie in England Pachtcontrakte auf drei Menschenleben eingehen konnten, war ihnen nur gestattet, höchstens Verträge von einunddreißig Jahren zu schließen. Nicht einmal Feld- und Wildhüter eines Edelmanns durften sie werden. Das unbewegliche Eigenthum soll nicht einem einzelnen Erben zufallen, sondern, als käme es eben darauf an, den Fluch des altirischen Erbrechts wieder lebendig zu machen, unter sämmtliche Nachkommen vertheilt werden. Trat einer ihrer Söhne gar zum protestantischen Glauben über, so verlangte das Gesetz, als ob es in der Hölle geschrieben, daß er damit den eigenen Vater enterbte. Verheirathung zwischen den beiden Confessionen war auf das Strengste verboten, so daß jede Gelegenheit menschlicher Versöhnung systematisch fern gehalten wurde. Priester und Ordensgeistliche, die, da auf Messelesen Verbannung und im Wiederholungsfalle die Todesstrafe stand, nur im Stillen und in Privathäusern ihr Amt pflogen, wurden in den protestantischen Pfarreien registrirt und internirt. Wer es wagte, sich in Frankreich die Weihen zu holen oder gar als Bischof die Jurisdiction auszuüben, setzte sich der Gefahr aus, als Hochverräther belangt zu werden. Fürwahr, eine Ausrottung mit Stumpf und Stil, wie Philipp II. sie in den Niederlanden anstrebte und Ludwig XIV. sie in den Cevennen durchführte, wäre hiergegen Barmherzigkeit gewesen; doch der Geist des Jahrhunderts und im Grunde auch die allgemeine protestantische Taktik bebten davor zurück.

Und was anders war der Zweck dieses satanischen Drucks, als die Waffe, mit der man endlich Herr des Bodens geworden, jene Staatskirche festzuhalten, die in Irland alles Andere, nur nicht ein nationales Institut sein konnte. Statt des evangelischen Friedens hatte sie höchstens die Stille des Grabes über das Land gebracht. Als herrschende Minorität konnte sie sich nur durch Mittel der Gewalt und des Zwangs behaupten; in den Augen selbst ihrer besseren Vertreter war ihre Existenz eine Lüge, hatten sie doch für die Beseitigung der katholischen Feiertage, für das Verbot, Papisten im öffentlichen Leben als Anwälte zuzulassen, für den Ausschluß aller Nicht-Anglicaner von Trinity College keine andere Entschuldigung, als sich in ihrem Besitz zu sichern und vor der Welt als rechtmäßige Inhaber zu erscheinen. Ihrer starren und stolzen Art gemäß gaben sich ihre Mitglieder nur in äußerst seltenen Fällen die Mühe, die unwirsche und verhaßte Muttersprache der Unterjochten zu erlernen; mit ihrer Predigt vor leeren Bänken, mit der Pflege der Schulen, deren Besucher sorgfältig nach dem Taufcertifikat gefragt wurden, haben sie selbstverständlich nichts geleistet. Ihre eigene theologische Schule war zu sehr von weltlichen und polemischen Interessen wider die Gegner beherrscht, die es galt möglichst schwarz zu malen, als daß dort für sie selber frisches, hoffnungsvolles Leben hätte entspringen können. Erst gegen die Mitte des Jahrhunderts sieht man den Klerus thätig, wenigstens die Gebäude, die vieler Orten gräulich desecrirt worden, anständig herzustellen und mit der anglicanischen Liturgie eine unbedeutende Propaganda zu machen.

Allein politisch hatte das scharfe Instrument doch eine schneidende Wirkung. Als in den Jahren 1715 und 1745 das schottische Keltenthum sich noch einmal in letzter krampfhafter Zuckung regte, als die Tories im Bunde mit den verjagten Stuarts selbst in England dem herrschenden System Gefahr bereiteten, blieben in Irland Tendenzen, die dort auf weit mehr Sympathie als in den Nachbarländern hätten rechnen können, ohne Anklang und Vertretung. Hier gab es einstweilen nur innerhalb der protestantischen Bevölkerung eine Art politischen Lebens, indem auf den Parlamenten zu Dublin sich zwei Factionen, ein englisches und ein irisches Interesse, wie man es hieß, gegenüber traten. Diese beiden Theile verhalten sich nachmals zu einander, wie Spanier und Creolen einst in Mexico oder Chile. Engländer und protestantische Iren ringen um den Alleinbesitz der Macht mit allen ihren Aemtern und Pfründen in Kirche und Staat. Kam es Letzteren darauf an, jene thörichte Sperre in Handel und Verkehr abzuschütteln, so knüpften die Engländer wenigstens administrativ die Kolonie an das Mutterland und handelten unter höheren, weiteren Gesichtspunkten. Jene hatten an Swift, dem Dechanten von St. Patrick, einen Wortführer mit scharfer Zunge und spitzer Feder, der, ein geschworener Tory und zur Agitation geschaffen, den Geifer seiner Satire und seiner eigenen Wuth oft bis zur Widersinnigkeit an dem Gegner ausließ. Die Engländer ihrerseits lehnten sich an eine Regierung an, deren Vertreter und Mittel naturgemäß das Seitenstück waren zu der Fäulniß, die über ein halbes Jahrhundert daheim in den herrschenden Kreisen um sich gegriffen. Es ist klar, wie durch den Kampf solcher Elemente ihre gemeinsamen Interessen, die

Herrschaft ihrer Religion, innere Sicherheit und Wohlstand nur geschädigt wurden, da es beiden gemeinsam höchstens nur darum zu thun sein konnte, die Millionen der Unterdrückten in Verdummung, Trägheit und Knechtschaft zu erhalten.

Die irischen Creolen haben in dieser selbstmörderischen Thätigkeit ohne Frage das Meiste geleistet. Zwar stand Handel und Wandel bei ihnen, vorzüglich die Leinwandindustrie in Ulster, in einiger Blüthe, aber die Behinderung eigener Schifffahrt und die zwerghafte Landwirthschaft, mit der sich die meisten zugleich befaßten, ließen kein rechtes Behagen aufkommen, worauf die Auswanderung vieler Tausende, und ausschließlich nur Protestanten hindeutet, die schon unter den ersten Georgen sich von den Häfen von Belfast und Londonderry nach Amerika einschifften. Doch der eigentliche Fluch der Partei waren die Nachkommen der Offiziere und Soldaten Cromwell's, jene zahlreiche Gentry, in deren Hände einst an neunzehn Zwanzigtheile des gesammten Grundbesitzes übergegangen sein sollen. Ohne Seelenadel und inneren moralischen Gehalt waren sie auf dem tückischen Boden verwildert, wie einst die normännischen Barone. Parvenus, wie sie waren, nahmen sie es in Brutalität und Verschwendung, in Trunk- und Raufsucht mit der verkommensten Aristokratie Europa's auf. Die Verschuldung, in welche solches Leben und grenzenlose Unwissenheit sie stürzte, suchten sie einigermaßen durch grausame Behandlung ihrer Untergebenen zu decken, wozu die Zwangsgesetze ja ohnedies aufforderten. Zudem wurden sie noch persönlich angestachelt, da fast überall unter dem elenden Haufen sich Träger altberühmter Nationalnamen befanden, bei denen wie bei den Clangenossen, den vom Pfluge und vom Ladentisch hergekommenen Bedrängern gegenüber, der rechtmäßige Titel des Besitzes forterbte. Der Zustand läßt sich nicht besser schildern, als mit den Worten Arthur Young's in den Aufzeichnungen über seine Reisen in Irland während der Jahre 1776 bis 1779. Da heißt es mit gerechtem Zorn: „Ein Gutsherr in Irland kann kaum einen Befehl erfinden, den ein Diener, Arbeiter oder Häusler zu vollstrecken sich weigern darf. Nur mit unbedingtem Gehorsam ist er zufrieden. Geringschätzung oder gar Trotz kann er vollkommen sicher mit Stock oder Peitsche strafen. Dem Elenden würden Arme und Beine zerbrochen, wenn er so dreist wäre, die Hand zur Abwehr zu erheben. Von Niederhauen wird auf dem Lande in einem Tone gesprochen, der einen Engländer staunen macht. Angesehene Gutsbesitzer haben mich versichert, daß viele ihrer Häuslinge sich eine Ehre daraus machen würden, wenn sie ihre Weiber und Töchter einlüden, bei ihnen zu schlafen: das bezeugt die Knechtschaft, unter welcher dieses Volk leben muß. Ja, man erzählt mir, wie selbst das Leben der Armen nicht geschont wird, ohne jede Achtung vor dem Gesetz. Freilich ist dies nicht mehr gewöhnlich; denn ehedem geschah es alle Tage, jetzt aber gewinnen die Gesetze die Oberhand. Dem gleichgültigsten Reisenden muß es auffallen, wenn er ganze Züge von Karren von dem Bedienten eines Edelmanns in den Graben peitschen sieht, um dem Wagen seines Herrn Platz zu machen. Werfen sie um oder werden zerbrochen, so müssen sie es geduldig ertragen; wollten sie sich beklagen, so gäbe es sofort die Hetzpeitsche.

Die Vollstreckung der Gesetze ist in der Hand der Friedensrichter, die meist der illiberalsten Klasse des Königreichs angehören. Wenn ein Armer gegen einen Gentleman oder ein Thier, das sich einen Gentleman zu nennen beliebt, Klage führt und der Richter läßt ihn vorladen, so gilt das für eine Beschimpfung und es erfolgt sofort eine Forderung. Wenn Sitten sich wider das Recht verschwören, bei wem soll das unterdrückte Volk da Zuflucht finden? Es steht fest, ein armer Mann, der mit einem Gentleman einen Prozeß anfängt, muß — doch ich rede thöricht; sie kennen ihre Lage zu gut, als daß sie es sich einfallen ließen. Für sie giebt es keine andere Vertheidigung, als wenn ein Herr sie wider den andern schützt, der seine Vasallen etwa sicher stellt wie die Hammel, die er zu verzehren gedenkt." Es war das roheste Junkerthum, wie es gern an der Grenzscheide zweier Racen haftet, wie es noch heute im neunzehnten Jahrhunderte auf deutsch-slavischem Boden keineswegs erstorben ist.

Das ganze System mit unerschwinglichem Pachtzins und niedrigstem Tagelohn, und nicht etwa angeborene Trägheit der irischen Race ließ ein Land verkommen, über welches die Natur so manche ihrer reichsten Segnungen ausgegossen. Ist es zu verwundern, wenn viele jener edlen Herren ihren Höfen und Schlössern den Rücken wandten, um altem Beispiel folgend den Schweiß von Tausenden in Saus und Braus zu Dublin oder London zu verprassen? Es lag weniger daran, daß diese Absenteristen unfruchtbare Capitalien*) draußen durchbrachten, so sehr auch späterhin gerade in Irland die Abneigung gegen eine Union aus dieser Besorgniß entsprungen sein mag; der vornehmste Schaden bestand darin, daß die höhere, vornehmere Klasse sich selbst dem Lande entzog, sie, die bei gesitteten Zuständen den breiten, niederen Schichten der Bevölkerung ein Beispiel zur Nachahmung bieten soll. Statt ihrer blieb nun vornehmlich jenes Geschmeiß ansässig, die berüchtigten Mittelmänner, die, wie die Procuratoren des alten Roms, die Rente für den Grundherrn in Pacht nahmen und, um diese zu steigern und sich selber obenein die Taschen zu füllen, das Land oft fünffach über den Werth in kleine Pacht und Aberpacht austhaten. Sie sind es, die den herrlichen Boden bis auf den niedrigsten Grad unproduktiver Zwergwirthschaft herabgebracht und die letzte Spur des Sinnes für Reinlichkeit und Fleiß in den zu thierischen Sklaven entwürdigten Leuten vertilgt, die, da Herr und Knecht einander nicht mehr berührten, auch die Möglichkeit genommen haben, Mitleid zu üben. Das Unheil mußte sich in's Ungeheure steigern, wenn gar drei oder vier solcher Blutsauger zwischen dem großen Grundbesitzer und seinen Bauern standen und, statt zu amelioriren, dem Boden wie dem Menschen systematisch jede Kraft entzogen. Auch der Liberator O'Connell trieb dieses Geschäft mit Profit, indem er als Mittelmann dreimal so viel von den Pächtern bezog, als er dem Gutsherrn bezahlte.

---

*) Young berechnet die Anzahl abwesender Gutsherrn auf 194, die Rimessen, die sie sich zustellen lassen, auf 732,000 Pfund jährlich.

Nur in einem Punkte harmonirte jedoch der Grundherr häufig mit den Hörigen: ihm war das vom Gesetz anerkannte und erzwungene Recht des Klerus auf den Zehnten eben so fatal wie diesen. Wenn die Anträge, welche die Gentry im Parlamente dagegen stellte, nicht halfen, so griffen die Junker zu dem echt irischen Mittel des Widerstands auf eigene Faust. Associationen auf den Gerichtstagen der Grafschaft drohten mit Gewalt; verschmitzte Advokaten und ein gemeinsamer Fonds suchten in den Prozessen mit der Geistlichkeit zu gewinnen. Gab es ein besseres Beispiel für Paddy, wenn er in all' seinem Elend einmal Gelegenheit fand sich zu regen? Ihm schwoll die Galle längst wider die fremden Pfaffen, die keine Seelsorge hatten, nur selten auf der Pfründe lebten, aber um so schärfer auf das pünktliche Einlaufen oder die Einpfändung des Zehnten hielten. Der Druck, die Noth von allen Seiten, die Verzweiflung trieben Armuth und Elend schon um die Mitte des Jahrhunderts, namentlich in den südlichen Grafschaften, zu geheim organisirtem Raub und Mord: unter dem Namen der Whiteboys haben sie sich lange den größten Schrecken bereitet. So sammelte sich in entgegengesetzten Sphären wiederum Zündstoff zu gefährlicher Explosion zu einer Zeit, als der Ertrag des Bodens, des Handels und Gewerbes zusehends abnahm, das Elend aber haarsträubend sich steigerte. Schon Swift hat die Lumpen und Schaaren der Bettler geschildert, wie sie noch heute auf den Straßen in Stadt und Land anzutreffen sind. Längst stand der Ire in dem Rufe der Faulheit, der Diebere, des Lügens. Und war das irgendwie auffallend? Man kann sich nur wundern, wie in solcher Lage ein Volk nicht nur sich zu ernähren, sondern sogar reißend zu vermehren vermochte.

Diese Erscheinung ist verschiedenen Umständen zuzuschreiben. Seit anderthalb Jahrhunderten wucherte die Kartoffel auf der Insel, deren Bau fast ohne alle Mühe die reichlichste Nahrung abwarf. Menschen und Vieh verzehrten sie in ungeheuren Quantitäten gemüthlich aus einem Topf, den allerelendsten schmeckte sie sogar noch mit Seetang gemischt. Ein Obdach aus Feldstein, Lehm, Torf und einigen Stöcken war überall in wenigen Stunden leicht herzustellen. Der Fremde konnte sich nicht genug verwundern, daß da, wo gestern noch keine lebende Seele gehaust, am andern Tage eine Hütte stand oder eine Höhle angebaut worden, in der Mann und Weib, Kinder und Schweine, Alles bunt durcheinander, ihr Wesen trieben. Ein Kosen umschloß sie alle. Bei so naiver Leichtigkeit der Existenz, bei einer Gleichgültigkeit, die sich längst entwöhnte, an den kommenden Morgen zu denken, bei sehr mangelhafter Enthaltsamkeit war das Heirathen der jungen Leute hergebracht und ein kolossaler Kindersegen ist in Irland eine alte Thatsache. Noch heute fördern die Priester die frühzeitige Ehe und erhalten ihrer Nation dadurch den Ruhm der Keuschheit. Auch Young billigt das System, wie er, der gewiegte Landwirth, in der Kartoffel das Heil Irlands zu erblicken glaubte. Wie würde er, der die Bevölkerung der Insel noch unter drei Millionen, worunter 500,000 Angloiren, schätzte, seinen nationalökonomischen Standpunkt gewechselt haben, hätte er das Jahr 1846 erlebt!

Allein auch das achtzehnte Jahrhundert, ohne Krieg in Irland, schwang seine Geißel über die Bevölkerung, daß sie nicht zu reißend um sich griff. Im Jahre 1741 raffte ein entsetzliches Sterben an 400,000 Menschen hin, worüber ein Bericht sagt: „Nachdem ich einige Jahre abwesend gewesen, fand ich bei meiner Rückkehr im letzten Sommer das jämmerlichste Elend, von dem ich je in der Geschichte gelesen. Armuth und Verderben auf jedem Antlitz, der Reiche nicht im Stande dem Armen zu helfen, die Straßen bedeckt mit Todten und Sterbenden; die Menschenkinder von der Farbe der Ampfern und der Nesseln, von denen sie sich nährten; zwei oder drei, bisweilen mehr auf einem Karren mit der Leiche, statt der Träger, viele nur eingescharrt in Feld und Graben, wo sie eben gestorben." Die Werberoffiziere der englischen Regimenter fanden hier längst die beste Ausbeute an Rekruten; viele Tausende verschlang der Krieg, die meisten noch immer unter fremden Fahnen. Man hat berechnet, daß von 1691 bis 1745, wo irische Regimenter bei Fontenay über die Garden Georg's II. siegten, 450,000 Iren allein im Dienste Frankreichs gestorben sind.

Unter allen diesen Plagen wuchs nun der Geist des Widerstands. Der Whitebov, der unmöglich Achtung vor dem Gesetz seiner Bedränger haben konnte, griff zu Verschwörung und wildem Faustrecht; umsonst mahnte ihn sein Priester ab, als Wegelagerer legte er die Flinte an auf Eigenthümer, Mittelmann oder Zehntpächter. Die Rachsucht gegen die „Sachsen" trieb zum agrarischen Mord. Dabei war Streit und Blutvergießen unter den Eingeborenen an der Tagesordnung zu großer Befriedigung der herrschenden Stände. In dieses Chaos von Gewalt, Elend und Verbrechen fiel nun im letzten Viertel des Jahrhunderts der Funke der Revolution.

Der Aufstand Amerika's wirkte auf der Stelle. Im Jahre 1778 wurden durch Beschluß beider Parlamente die grausamsten Paragraphen des fürchterlichen Strafcodex beseitigt; auch der Handel erhielt wenigstens einige Erleichterungen. Dabei regte sich die irische Opposition mit verdoppelter Kraft für ein ähnliches Recht, „wie es die Neuengländer so eben erfochten," Auch ihr Land war ja eine gedrückte Kolonie, noch galt Poynings' altes Statut, geschärft durch eine Acte Georg's I.; das Ziel war, die Freiheit von der bevormundenden Fessel des Parlaments zu Westminster zu erkämpfen. Als Freiwillige bewaffnet, unter dem Vorwande, einer Landung der Franzosen zu begegnen, zwangen sie der vielfach bedrängten Regierung im Jahre 1782 die parlamentarische Freiheit Irlands ab. Es fehlte der Bewegung nicht an hochherzigen patriotischen Führern, unter denen Henry Grattan jedenfalls einen unvergänglichen Namen erworben hat. Dies ist nicht der Ort, um die Extravaganzen des Dubliner Parlaments und die bald schwungvollen, bald halb verrückten Reden seiner Feuer schnaubenden Deklamatoren zu schildern, auch nicht, um näher in die Zusammensetzung jener Versammlung, ihre fabelhafte Bestechlichkeit und alle Künste einzugehen, mit denen die Regierung doch solchem Lärm gegenüber Stand zu halten vermocht hat. Es genügt, daran zu erinnern, daß der junge Pitt mit erleuchteten liberalen Maaßregeln daran ging, das Uebel an der Wurzel zu packen. In England wie in

Irland griff er die Parlamentsreform an und that Schritte zur Entfesselung des Handels. Den irischen Katholiken gewährte er die Errichtung der theologischen Schule zu Maynooth; die Emanzipation ihrer Confession, Irlands völlige politische Befreiung war so wenig zu umgehen, wie ganz ähnliche Concessionen in Canada. Da trat hemmend und von der Fährte der Reform ablenkend der Donnergang der französischen Revolution dazwischen. Sie eröffnet den **Schlußact von Irlands Trauerspiel.**

Während die Regierung in England und Schottland die Jakobiner, an denen es auch dort nicht fehlte, fest im Zaum hielt, brach der Geist republikanischen Umsturzes zuerst unter der protestantischen Bevölkerung von Ulster in wilde Flammen aus. Zu Belfast bildete sich 1791 der Bund der United Irishmen, und dieser Krater warf bald seine Funken, die Ideen der Gleichheit, über die ganze Insel. Wie in Frankreich betheiligten sich auch geborene Aristokraten an dem Werk der Zerstörung, ein birnverbrannter anglikanischer Prälat, Graf von Bristol und Bischof von Derry, und Lord Edward Fitzgerald, der Bruder des Herzogs von Leinster, der nebst anderen nicht abließ, bis sie Leib und Leben verloren. Thätiger und gefährlicher jedoch als alle seine Genossen war der Advokat Wolfe Tone, der als Sekretär eines Ausschusses der irisch-katholischen Kirchengemeinschaft Alles aufbot, um das altnationale Element in die Conspiration hineinzuziehen. Auf flüchtigem Fuße in Frankreich ruhete er nicht, bis er die dortigen Demagogen bestimmt hatte, mit bewaffneter Hand in die aufgewühlten Zustände Irlands einzugreifen. Nach den vergeblichen Versuchen vor mehr denn einem Jahrhundert wagten, von ihm gerufen, wieder Fremde, die Insel aus den sächsischen Fesseln loszureißen, um ihr das neue Glück gallischer Völkerfreiheit zu bringen. Man weiß, daß, als Hoche im Jahre 1796 in die wundervolle Bai von Bantry einlief, kein Schiff, kein Fort und kein Truppencorps da waren, ihn am Landen zu hindern; nur die stürmische, felsenreiche Küste und die öde Gebirgslandschaft von Kerry haben ihn zurückgescheucht. Späterhin, nach der Zerstörung der Terelflotte bei Camperdown, schiffte sich nur ein kleines Corps unter General Humbert in der Bai von Killala aus, ohne irgend Erfolge zu erringen; Tone vielmehr, der es begleitet, gerieth in Gefangenschaft, und seine reine, aber blinde Vaterlandsliebe fand ein Ende, indem er im Kerker Hand an sich selber legte. Allein nur wenige Splitter einer Invasion genügten und andere Demagogen waren zur Hand, um die grollende unwissende Menge in fast allgemeine Rebellion zu entfachen; jetzt konnten die Whiteboys nach Herzenslust in wilder agrarischer Ausschweifung die Rachgier sättigen. Was wußten sie von den Prinzipien der großen welterschütternden Bewegung, die auch ihre Insel erreicht, von der Lage Europa's, den Schwierigkeiten der englischen Regierung? Die warnende Stimme ihrer Priester, der vornehmen, gebildeten, einsichtsvollen Landsleute, die beim Anblick des Schicksals, von dem Kirche und Adel in Frankreich betroffen, fast ohne Ausnahme treu zur Regierung hielten, verhallte im Sturmwind. Statt dessen fanden sich sofort die alten Gegner wieder zusammen, sie, die zuerst dem Beispiel der Jakobiner nachgeahmt und nun, als Orangemänner den großen

Namen Wilhelm's entehrend, sich mit erbarmungsloser Wuth auf ihre unglücklichen Schlachtopfer stürzten. In Foltern und Morden, in allen Gräueln des Racenkampfs stellte sich das Jahr 1798 noch einmal dem Jahre 1641 würdig zur Seite. Erst als Lord Cornwallis als Vizekönig und mit gehöriger Truppenmacht dazwischen trat, als Standrecht über ganz Irland verhängt war, begann die Mordlust zu weichen. Aber was hat es ihn gekostet, wie jetzt aus seinen jüngst erschienenen Memoiren erhellt, den von fanatischer Grausamkeit eingegebenen Entscheidungen der Civil- und Militärgerichte vorzubeugen.

Zum Glück sollte diese grause Schreckenszeit, das letzte Blutgericht, das strenge Herrschaft über die Insel gebracht, als furchtbare Lehre ihren Eindruck bei keiner der Parteien verfehlen. Pitt, dem Niemand im Ernste wird vorwerfen wollen, den Aufstand Behufs der Erledigung der gewaltigen irischen Frage selber angefacht zu haben, schritt nun zur Ausführung seines längst gefaßten Gedankens, zur parlamentarischen und commerciellen Union mit Großbritannien. Man kann beklagen, ob es nicht besser gewesen, daß das irische Parlament noch längere Zeit unabhängig geblieben wäre, um vor Allem die Gegensätze im eigenen Lande selber vermitteln zu helfen; nach den letzten Hergängen aber war es außer Frage: die Union trat nicht zu früh, sondern zu rechter Zeit ein.

Wem darf es auffallen, daß die Maaßregel nicht durchweg mit reinen Händen u Mitteln zur Ausführung kam? Es war ke n durch systematische Reform ＿＿＿ Parla ent, d s einer e ab itlichen Ver ammlung zu Westminster Platz ＿＿＿ sollte. B siedung un Ab auf mit hohen Summen, Gnadengehältern, Adelstiteln waren nicht zu umgehen. Zu welchen unvermeidlichen Folgen diese nothwendige Bedingung in ＿＿＿ n habten Jahren häufig führte, steht am deutlich＿＿＿ in den Br fen ＿＿＿ ＿＿＿ ＿＿＿ y's zu lesen aus der Zeit, als er auf ＿＿＿ beim ＿＿＿ Ja ＿＿＿ Üb r a ll berlieferungen, Gewohnheiten, ＿＿＿ Un ＿＿＿ ＿＿＿ ＿＿＿ ＿＿＿ ＿＿＿ in einem Lande mit einem Schlage zu ＿＿＿ gewe＿＿＿. Der lä od ig ten Periode blieb noch eine gewaltige Arbeit o halten, namlich, ＿＿＿ e ne neue Gebäude den verderb ichen Schutt wegzuräu＿＿＿, den J ＿＿＿ derer＿＿＿ angesammelt.

Wohl hat es allerlei für sich, wenn die Union, die beim katholischen Interesse beinahe freudigere Aufnahme fand als bei den Protestanten, als wenigstens bei dem Handelsstande von Dublin, als eine halbe Maaßregel bezeichnet wird, da die verheißene Emanzipation der Katholiken noch ausblieb. Es wäre rein unsinnig gewesen, wenn man drei Viertheile eines Volks seines Glaubens wegen von den Segnungen des gemeinsamen Bandes hätte ausschließen wollen. Das konnte Pitt in der That niemals in den Sinn kommen; er hatte, zumal nachdem durch ihn im Jahre 1782 den katholischen Iren für ihr Parlament zu wählen gestattet worden, in dem Unionsinstrument selber die Abänderung der Eide zu Gunsten der Nicht-Anglicaner in's Auge gefaßt. Man weiß, wie die Bigotterie Georg's III. und was ihm einige bornirte Rathgeber über die Geltung seines Krönungseides zugeflüstert, zunächst Pitt zur Niederlegung seines Ministeriums bewog und die Ursache war, weshalb noch beinahe ein Menschenalter hindurch jenes Recht vorenthalten wurde. Daß übrigens, abgesehen von den Gegenwirkungen der Parteien, die Angelegenheit ungemein verwickelt war, um so leichthin Katholiken und Protestanten in England wie in Irland gerecht zu werden, ergiebt sich aus Sir Robert Peel's Memoiren, der nüchterner und ehrlicher als die meisten anderen die schwierige Frage zu einem glücklichen Abschluß hat führen helfen.

Die Verzögerung, von der die Durchführung der großen Reformen unseres Jahrhunderts noch einmal betroffen worden, hat dann die Agitation O'Connell's zur natürlichen Folge gehabt, des bezaubernden, eigennützigen Demagogen, der das Werk, das eben vollendet, durch die Losreißung Irlands wieder zu zerstören trachtete. Doch es liegt auf der Hand, wie ihm selber sein frevelhaftes Treiben nur halb ernst war. Weder völlige nationale Unabhängigkeit ist in Irland wiederherzustellen — was soll da aus den zahllosen eingewanderten englischen und schottischen Protestanten werden? — noch ist eine Personalunion denkbar mit getrennter Armeeflotte oder gar auswärtigem Amte. O'Connell und die Repealers haben viel Lärm gemacht und viel Schaum geschlagen, aber weder zur Trennung noch zu gewaltsamer Erhebung haben sie es zu bringen vermocht. Vielmehr nähern und mischen sich eben jetzt zusehends die Racen, die so lange mit einander gerungen, und scheitern alle Versuche die irische Sprache auch nur so weit wieder zu beleben und zu heben, wie etwa die Volkssprache in Flandern, indem nur noch Einzwanzigstel der Bevölkerung sich ihrer und fast durchweg neben dem Englischen bedient. Endlich haben Polizei und Militär, wenn man ihrer bedurfte, musterhafte Dienste geleistet, und ist durch den Dampf die Entfernung zwischen Dublin und Holyhead auf drei und eine halbe Stunde zusammengeschrumpft. Aus einer Eroberung und Kolonie ist Irland thatsächlich ein Theil Großbritanniens geworden.

Damit erreicht denn auch der Fluch der Insel nachgerade sein Ende. Nur noch in zwei Punkten wirkt die tragische Materie nach, was und der Kern des Uebels, der Gegensatz der Race, schwindet, — wir meinen die agrarische und die confessionelle Noth. Aber in jener hat zunächst die Natur den Pfad geebnet: der allgemeine Mißwachs der Kartoffel im Jahre 1846, die Hungersnoth, die uns in Irland periodisch bis in die Neuzeit die schrecklichsten Plagen des Mittelalters vergegenwärtigt, die Massenauswanderung der folgenden Jahre haben allerdings die Bevölkerung von fast neun auf fünf Millionen reducirt, sie aber eben dadurch mit der Tragfähigkeit des Bodens ausgeglichen und den drei Königreichen zugleich die freie Korneinfuhr beschert. Einsicht und Gerechtigkeit erleuchteter Staatsmänner sind rastlos bemüht, Eigenthum oder Nutzung des Bodens Allen zugänglich zu machen, so daß das materielle Elend sichtlich zu schwinden beginnt. Und auch mit der anderen Plage steht es ähnlich. Seitdem den Katholiken freie Lehre in Kirche und Schule und politisch völlige Gleichstellung mit den übrigen Einwohnern gewährt worden, seitdem in Irland zuerst der Versuch angeschlagen, Nationalschulen ohne Unterschied der Confession zu errichten, hat die Staatskirche selbst den Halt eines Zwangsmittels verloren, die alte schneidende Waffe ist völlig stumpf geworden. Ihre Zukunft ist voraussichtlich nicht mehr von langer Dauer, der Protestantismus in anderer Form, vor allen doch in der schottischen, steht selbstständig, volksthümlich und ebenbürtig neben dem einheimischen Katholicismus auf eigenen Füßen.

Weinlese in Missouri.

Vom Herausgeber.

(Schluß.)

Wer die Biographie eines jener deutschen Ansiedler im fernen Westen schreiben will, welche vor mehr als 30 Jahren, europamüde, von den durch die sogenannten Befreiungskriege hervorgerufenen Hoffnungen so entsetzlich ernüchtert, nach Amerika auswanderten, der wird wenig Anderes zu beschreiben finden, als ein stetes Ringen um die Existenz, ein ewiges Entbehren, vielleicht sogar ein Sehnen nach den ärmlichen und engen Verhältnissen im alten Vaterlande, denen sie durch die Auswanderung zu entfliehen glaubten. Wenn dann am Ende eines mühevollen und arbeitsamen Lebens um die grauen Scheitel der Ueberlebenden ein leiser Schimmer der Anerkennung von Seiten einer jüngern Generation strahlt, so ist diese Anerkennnng wohl verdient durch die stille Arbeit der Jahre, während welcher Niemand sich um sie kümmerte und in ihrer einsamen Zurückgezogenheit der Schatten der Vergessenheit sie umhüllte. Die meisten jener Pioniere des fernen Westens schlafen längst in vergessenen Gräbern; ihrer treuen Arbeit gedenkt keiner mehr; von den Wenigen, die noch übrig sind, haben Einige die höchsten Ehren des Staates erreicht und können mit Befriedigung auf die zurückgelegten Prüfungsjahre blicken. Einer von Jenen, denen ein solcher ruhiger Lebensabend vergönnt wurde, ist Vater Münch.

Im 66sten Lebensjahre hat er sich noch das volle Feuer der Jugend bewahrt. Von imponirender Gestalt, wenigstens 6 Fuß hoch, mit lauter klangvoller Stimme ist er in der Unterhaltung so lebendig, wie nur irgend Einer. Seine ausdrucksvollen Züge, sein volles graues Haar geben ihm ein etwas patriarchalischen Aussehen, dem sein Name „Vater" Münch vollkommen entspricht. Dennoch hat er seit letztem Frühjahr, wo ich ihn zuletzt sah, gealtert. Seine unermüdlichen Arbeiten für die Staats-Einwanderungsgesellschaft, deren thätigstes Mitglied er ist, seine Pflichten als Staats-Senator, nehmen seine Kräfte fast übermäßig in Anspruch. Er bringt täglich zu viele Stunden am Schreibtisch zu und etwas mehr Ruhe und Pflege wäre dem Greise sehr zu empfehlen. Die theologische Erziehung verleugnet sich bei ihm immer noch nicht; er docirt gern, allein meist mit einer Gedankenklarheit die man selten bei alten Theologen findet. Zuweilen reitet er auch gern ein Steckenpferd und beschäftigt sich in neuerer Zeit viel mit dem Spiritualismus, ohne durchaus ein Anhänger dieser Lehre zu sein.—

Ich verbrachte einen angenehmen Vormittag bei ihm im Schatten seiner Verandah bei einer guten Flasche seines selbstgezogenen feurigen Virginia Seedling. Später ging es hinaus in seinen Weinberg, dieses Denkmal seines jahrelangen rastlosen Fleißes. Auch hier war die Catawba-Rebe verkümmert und verfault. Seedling und Concord dagegen gaben einen reichen Ertrag. Sein Weinberg ist nicht so ausgedehnt wie die großen Rebenpflanzungen Husmann's, allein eben so sorgfältig gepflegt und der Ertrag wird im Verhältniß derselbe sein.

Am Nachmittage wurde das bescheidene Buggy aus der Remise geholt, ein Maulthier vorgespannt und nun ging's über Berg und Thal nach dem sieben Meilen entfernten Augusta, wo am folgenden Tage die Staatsemigrationsgesellschaft ihre Sitzung halten sollte. Die Wege waren, wie gewöhnlich jetzt in Missouri, sehr schlecht und als Augusta endlich in Sicht kam, waren wir tüchtig genug durchgeschüttelt. Als wir in die erste Straße des Dörfchens einfuhren, donnerten am Ufer die Böller und zeigten die Ankunft der Fährbootes von Washington an, das den Gouverneur Fletcher und die übrige, noch in Hermann zurückgebliebene Reisegesellschaft brachte. Nachdem bei Münch's Schwiegersohne, Dr. Follenius, früherm Mitgliede der Legislatur, wo wir wohnen sollten, das erste Glas des Augusta Catawba geleert war, ging es über Hügel und Thäler nach dem entgegengesetzten Ende des Dörfchens, wo, auf einem Bluff mit reizender Fernsicht Geo. Münch, der Bruder des Senators, wohnt, dessen Haus für die nächsten zwei Tage das Haupt-Quartier der eingeladenen Gäste war.

Augusta hat eine reizende Lage. Die Hügel am Missouri sind mit Rebenpflanzungen bedeckt; der Fluß ist majestätisch breit; dichter Wald bedeckt das entgegengesetzte Ufer, hinter welchem sich die Hügel von Franklin County erheben. Drei Punkte vor Allen bieten eine reizende Fernsicht: der Garten vor dem Hause des Dr. Follenius, der Hügel auf welchem das Haus des Herrn M. E. Suschizky steht und die Verandah vor dem Hause des Herrn Geo. Münch. Als wir nach mühsamem Klimmen das Haus des Letztern erreichten, fanden wir die ganze Gesellschaft bereits anwesend. Der Hervorragendste war natürlich Thos. Fletcher, der gegenwärtige Gouverneur von Missouri, gegen welchen die Augustaner in Aufmerksamkeiten wetteiferten. Fletcher gilt für einen der schönsten Männer von Missouri; sein langer wallender Bart, die edlen noch jugendlichen Züge — er steht im blühendsten Mannesalter — die hohe schlanke Gestalt haben etwas Imponirendes, das durch die beginnende Kahlhäuptigkeit kaum einen Abbruch erleidet. Fletcher ist wohl gerade kein großer, jedoch ein praktischer energischer Mann der That, dem die tausend Sorgen des Gouverneuramts in dieser schweren Uebergangsperiode nichts von seinem Humor geraubt haben. Er erzählte uns neuen Ankömmlingen sofort von seiner jüngsten Reise nach Washington und seinen Unterhaltungen mit Präsident Johnson, der unbegreiflicherweise die herrschende radicale Partei in Missouri noch nicht als die Partei der Regierung anerkennen will, sondern sein Vertrauen nach wie vor auf die Herren Blair und Consorten setzt.

Der Abend auf der Verandah vor dem Hause von Geo. Münch wird jedem der Anwesenden unvergeßlich sein. Eine heiterere aufgewecktere Gesellschaft wird sich sobald nicht wieder zusammenfinden. Außer Fletcher war mein jovialer westfälischer Freund Rodmann, der Staatssekretär von Missouri, da, der allein im Stande ist, eine Gesellschaft angenehm zu unterhalten. Von St. Louis waren Isidor Busch und Daniel Hertle, von St. Charles Hermann Lindemann, Bruere, Klauß u. A., von Jefferson City Schierenberg gekommen und bald tönten deutsche Lieder in die herrliche warme Luft hinaus.

Der Vormittag des folgenden Tages (Sonntag) wurde mit verschiedenen Besuchen im Dorfe, sowie mit Besichtigung der Rebenpflanzungen des Herrn Geo. Münch zugebracht. Daß dabei die herrlichen reifen Trauben nicht geschont wurden, läßt sich denken. Am Nachmittage fand in einem reizend gelegenen Eichenwäldchen eine Volksversammlung statt, zu welcher die Besucher aus der ganzen Umgegend herbeigeströmt waren. Auf der improvisirten Rednerbühne erschien, von Herrn Geo. Münch vorgestellt, zuerst Gouverneur Fletcher und hielt eine seiner charakteristischen Ansprachen. Fletcher ist gerade kein großer Redner, jedoch, wie so viele Amerikaner, ein geborener „Stumpspeaker." Er wußte sich mit seiner Zuhörerschaft, die ausschließlich aus Deutschen bestand, in den richtigen Rapport zu setzen; der übliche Anekdotenkram fehlte natürlich nicht. Die Politik berührte Fletcher nur flüchtig, aber in äußerst radikalem Sinne. Nach ihm sprachen noch der Herausgeber dieser Blätter, Preetorius von St. Louis, der erst am Morgen angekommen war und Vater Münch. Dann wurde dem Gouverneur von einer Deputation junger Damen, deren Sprecherin das talentvolle und liebenswürdige Fräulein Minna Münch war, ein prächtiger Blumenstrauß überreicht, den er mit tiefgefühlten Dankesworten entgegennahm. Hiermit schloß die officielle Feier des Tages.

Allein damit war die Volksversammlung noch lange nicht zu Ende. An einem fast unübersehbar langen Tische versammelten sich die meisten Theilnehmer an derselben, um an ein „ernstes Werk" zu gehen: nämlich ein Urtheil über den Augusta Catawba abzugeben. Die Augustaner schienen das Wort Goethe's „Und wenn ich jubiliren soll" ec. wohl beherzigt zu haben, denn wer vermag die Anzahl der Flaschen zu nennen, die auf das Wohl des Dörfchens, auf Missouri, auf die Freiheit für Alle u. s. w. geleert wurden. Die Gesellschaft, ohne gerade lärmend zu werden, gerieth bald in die richtige Stimmung und verwandelte sich in ein „Committee of the whole" mit einem Präsidenten an jedem Ende des Tisches und nun begann der ächte deutsche Commers mit obligatem Rundgesang, der manchem der Anwesenden hier im fernsten Westen Amerikas fast wie ein Märchen aus alten Zeiten vorkam. Fletcher, der einzige anwesende Amerikaner, sang, als die Reihe an ihn kam, mit prächtiger Stimme das „John Brown" Lied, dessen Chorus von mehr als hundert Stimmen gesungen, weit über den Missouri hinüber schallen mußte und vielleicht irgend einem verbissenen Secessionisten am andern Ufer Bauchgrimmen verursachen mochte. Auch wurde dem Gouverneur die schreckliche Erhabenheit und Feierlichkeit eines „Salamander" offenbart und als Neuling benahm er sich gar nicht ungeschickt beim ersten Exercitium. Reden und Toaste hielten die Gesellschaft bis gegen Mitternacht zusammen und ein solenner Ball in dem ersten „Hotel" des Dörfchens beschloß die Feierlichkeit.

Am folgenden Montag hielt die Staats-Emigrationsbehörde ihre Sitzung, die so lang zu werden drohte, daß nur die Gefahr den Eisenbahnzug zu verfehlen, die Herren zur schleunigen Beendigung ihrer Geschäfte brachte. Die Nichtmitglieder vertrieben sich mittlerweile die Zeit mit Spazierengehen und Traubenessen. Mittags fanden sich die eingeladenen Gäste wieder bei einem superben Mahle im Hause des Herrn Geo. Münch zusammen. Mit einem Toast, vom Schreiber dieser Zeilen auf die deutschen Pioniere Missouri's und speciell auf die Brüder Münch ausgebracht, auf welchen beide gerührt erwiederten, schloß das Mahl und nun ging's so eilig als möglich über den Fluß.

Der launenhafte Missouri hat sich in den letzten Jahren ganz von Augusta abgewendet, den Bewohnern zwar einige hundert Acker Bottomland zum Geschenk gemacht, allein ihnen auch jede Schifffahrt verdorben, so daß das Fährboot verkauft werden mußte. Das Wasser an der Augusta Seite ist so seicht geworden, daß nur noch mit Kähnen übergesetzt werden kann. Dampfboote können nicht mehr landen. Für unsere Gesellschaft lagen vier Kähne bereit und nach einem herzlichen Abschied von unseren freundlichen Wirthen, begann ein Wettrudern über den Fluß. Unser Kahn wurde so tüchtig gelenkt, daß wir dem Herrn Fletcher um mehrere „Kahnlängen" zuvorkamen und zum allgemeinen Gaudium die verkörperte Missouri Staatssouverainetät spottend am Ufer empfangen konnten. Nach einem ziemlich beschwerlichen Marsche von zwei Meilen durch den dichten Urwald erreichten wir endlich die nächste Eisenbahnstation, wo uns, nach kurzem Warten, der von Jefferson City kommende Zug aufnahm und glücklich nach St. Louis brachte. Die angenehmen Stunden in Herrmann und Augusta werden jedem der Gäste noch lange im Gedächtniß sein.

Ueber die politischen Verhältnisse Missouri's vielleicht in einem späteren Artikel.

(Aus der „Europa.")

Miscellen.

Die Unglücksfälle auf den Alpen.

Bergspringer nennen die Aelpler die Fremden, die seit einigen Jahren in Schaaren erscheinen, um die Berge, deren Gipfel noch jungfräulich ist, einen nach dem andern zu erklimmen. Die Bergspringer haben sich organisirt und in vier Brigaden getheilt, in einen schweizerischen, österreichischen, italienischen und englischen Alpenclub. Die Europa hat mehrmals die Verpflichtung gehabt, die Veröffentlichungen dieser Clubs auf ihren wissenschaftlichen Inhalt hin zu prüfen, und es ist ihr nicht so wohl geworden, ein besonders warmes Lob aussprechen zu können. Als Sport edelster Art aufgefaßt ist das Bergspringen aller Anerkennung werth. Körper und Geist ziehen von den bestgeleiteten Turnübungen nicht den Gewinn, als von Bergfahrten, bei denen in reinster Luft Muskeln und Sehnen angestrengt und die Nerven gestählt werden. Doch soll sich ein Jeder wohl prüfen, ehe er den Bergspringern beitritt, denn sonst werden die Unfälle, die wir bereits zu beklagen haben, in starker Progression zunehmen. Es wurden Katastrophen vorhergesagt, als das Ersteigen nie betretener Gipfel zur Modesache wurde. Nun die Katastrophen eingetreten sind, möge man die Warnungen, die sie bringen, nicht unbeachtet lassen.

Es sind Gefahren verschiedener Art, die den Alpensteiger erwarten. Die kleinste von allen droht von den grünen Hängen, auf denen der Aelpler, die Füße mit Steigeisen bewaffnet, Gras mäht. Sie wird kaum mitgerechnet und fordert doch ihre Opfer. Wer auf solchen glatten und schlüpfrigen Hängen fällt, kann sich schwer erhalten und gleitet dem Abgrunde zu, der sich unten öffnet. Dieses Schicksal hatte ein junger Engländer am Dent de Jaman. Er ahnte sein Schicksal so wenig, daß er lachte als er fiel und in's Gleiten kam. Er glaubte eine ungefährliche Rutschpartie auf weichem Grase zu machen, aber er glitt rascher und rascher abwärts, bis er zu einer grauen Linie schlüpfriger runder Steine kam, neben denen die letzten Alpenrosen blühten. Es war der Rand des Abgrundes, über den er hinwegschoß und unter in der Tiefe seinen augenblicklichen Tod fand.

Die größern Katastrophen wurden durch einen eigenthümlichen Unfall eröffnet. Ein Russe und ein Mitglied des englischen Alpenclubs wollten den Haut de Cry in der Nähe von Montigny ersteigen. Unter ihren Führern waren Joseph Bennen, einer der besten Führer der Schweiz und allen Fremden, die das Hotel des Aeggischhorns besucht haben, wohl bekannt. Sie überschritten eben ein Schneefeld, als dieses sich plötzlich in Bewegung setzte. Die Reisenden wurden mit fortgerissen und bewegten sich also mit einer Lawine vorwärts. Bald befanden sie sich auf der Oberfläche der Masse, bald sanken sie ein, bald wurden sie wieder in die Höhe gehoben. So lange die Lawine sich fortbewegte, war sie lockerer Schnee. Als sie aber zur Ruhe kam, war Jeder verloren, der von ihr eingeschlossen war. Die Experimente Faraday's und Tyndall's haben gezeigt, daß Schnee oder zerbröckeltes Eis in einer gewissen Temperatur und unter einem gewissen Druck augenblicklich zusammenfriert und eine feste Eismasse bildet. Dies geschah in dem vorliegenden Falle. Als der Schnee vorn zum Stillstande kam, drängte die hintere Masse noch immer nach und erzeugte so den Druck, der zum Zusammenfrieren nöthig ist. Für den Engländer und drei von den Führern waren die Folgen nicht verderblich. Sie waren theilweise in den Schnee eingesunken, doch nicht so tief, daß sie sich nicht hätten herausarbeiten können. Bennen und der Russe steckten tief im Schnee und fanden den seltenen Tod, plötzlich in ein Gefängniß von Eis eingeschlossen und erdrückt zu werden. Vielleicht würden sie sich haben retten können, wenn sie nicht durch ein Seil verbunden gewesen wären, das ihre Anstrengungen, sich zur Oberfläche emporzuarbeiten lähmte.

Der oben erwähnte Professor Tyndall gerieth bei seinen Gletscherstudien in dieselbe Gefahr. Er hatte mit einer Gesellschaft und mehreren Führern gefährliche Stellen zu überschreiten, bei denen es nöthig wurde, daß sich Alle durch ein Seil verbanden. Da geräth ein Schneefeld in Bewegung, auf dem sie sich befinden, und rutscht mit ihnen der Tiefe zu. Ein Abgrund von tausend Fuß Tiefe ist nahe und schon beginnt der Schnee über den Rand zu gleiten, als einer der Führer, ein starker Mann, eine Spalte entdeckt und die Geistesgegenwart besitzt, sich hineinzuwerfen. Zum Glück hält das Seil und Alle sind gerettet.

An Stellen, die an sich keine Gefahr drohen, entstehen durch den Schwindel Unfälle. Vor wenigen Jahren ereignete sich der Fall wirklich, der in einem deutschen Roman als sühnende Katastrophe benutzt worden ist. Eine französische Dame ritt auf einem Maulthiere über den Gemmi-Paß, wurde vom Schwindel befallen, stürzte auf der Seite des Abgrundes vom Maulthiere und fand ihren Tod. Andere verunglücken, weil sie in einem kritischen Moment den Zügel stark anziehen und ihr Thier dadurch aus dem Gleichgewicht bringen. An einer schmalen Stelle einem andern Maulthier zu begegnen, ist für den, welcher an der Seite des Abgrunds reiten muß, immer gefährlich. Bei Mürren schnappte ein Maulthier, das nach Lauterbrunnen hinunterstieg, nach einem andern, das hinaufging. Das letztere erschrack, verlor den Halt für seine Füße und riß den Maulthiertreiber, der sich das Leitseil um die Hand gewickelt hatte, mit in den Abgrund.

Beim Matterjoch, einem oft benutzten Passe, verunglückte ein Führer, der betrunken gewesen sein soll. Um seine Furchtlosigkeit und Gewandtheit zu beweisen, ging er dicht am Rande eines Abgrundes hin, stürzte hinunter und wurde zwar noch lebend, aber mit zerschmetterten Brustknochen, heraufgezogen. In der Nähe seines Grabes liegt das eines Russen, der auf dem Görner-Gletscher verunglückt ist. Seine beiden Führer hatten von zwei vorhandenen Wegen einen gewählt, er bestand auf dem andern, der sehr gefährlich war. Die Führer fügten sich zuletzt und der Russe stürzte in eine Felsspalte. Der Fall hatte ihn nicht gleich getödtet und er hätte vielleicht gerettet werden können, aber das Seil riß. Nach einer andern Lesart durchschnitt es einer der Führer, der die Befürchtung hegte, daß der Russe, ein ungewöhnlich schwerer Mann, ihn und seinen Gefährten nachzuziehen werde.

Diese Unfälle bilden gewissermaßen das Vorspiel zu der Katastrophe vom Matterhorn. Jener Gipfel war unter den bedeutendsten Alpen fast der einzige, der noch zu ersteigen übrig blieb. Der Monterosa (1851), der Tödi (1853), das Wetterhorn (1854) haben den Fuß des Menschen auf ihren höchsten Spitzen dulden müssen. Das Matterhorn, von den Italienern Monte Silvio, von den Franzosen Mont Cervin genannt, ist für Bergsteiger ein sehr verführerischer Gegenstand. Es erhebt sich gleich einem Obelisken über einen ungeheuren Gletscher, der nicht gleich anderen Gletschern von schroffen Felsmauern eingeschlossen wird, sondern eine weite und öde Hochebene bedeckt. Die Alpen, zu denen das Matterhorn gehört, sind die penninischen. Es liegt an der Südgrenze von Wallis und wird auf 14,837 Fuß geschätzt. Die nächsten Orte sind auf der einen Seite Zermatt, auf der anderen Seite Breuil. Von Zermatt führt über den Col St. Theodule eine Straße nach Piemont. Auf der höchsten Höhe des Passes, etwa 10,000 Fuß über dem Meere, sieht man die Trümmer von Befestigungen, die vor zwei oder drei Jahrhunderten angelegt worden sein sollen, um Einfälle aus dem Wallis zu verhindern. Wahrscheinlich ist dies der höchste Punkt auf der Erde, den man zu befestigen versucht hat.

Nach der Sage soll der ewige Jude der Einzige gewesen sein, der je auf dem Matterhorn gestanden hat. Die wenigen Versuche der Ersteigung, die gemacht wurden, scheiterten an den fast unüberwindlichen Schwierigkeiten. 1860 machten sich Baughan Hawkins und Professor Tyndall von Breuil, also von der italienischen Seite, auf den Weg, mußten aber auf dem Grat, der zwischen dem Matterhorn und dem Dent d'Herens liegt, umkehren. Wir wollen hier nur obenhin berühren, daß der Engländer die Winterszeit wählte, weil er der Ansicht war, daß die schwierigste Stelle — eine Reihenfolge langer Felsplatten, bedeckt mit dünnem und glattem Eis — nur dann besiegt werden könne, wenn hoher Schnee auf ihr liege. Aber Kälte und Sturm trieben ihn nach Zermatt zurück. In demselben Jahre lehrte Tyndall, wieder ohne Erfolg, zu einem neuen Angriff auf das

Matterhorn zurück, und auch Edward Whymper, den die neuliche Katastrophe verschont hat, machte von Breuil aus einen verfehlten Versuch. Beide wurden wenige hundert Schritt unter der höchsten Spitze von senkrechten Felsenwänden zurückgetrieben.

In diesem Jahre hatte Whymper den Triumph erlebt, die erste Ersteigung der Aiguille verte, von zwei Führern unterstützt, auszuführen (29. Juni). Mit gehobenem Vertrauen machte er sich wieder an die schwierigere Aufgabe der Besteigung des Matterhorns. Seine Begleiter waren Lord F. Douglas, ein Geistlicher Hudson und ein junger Engländer Hadow. Den letztern mitzunehmen, war eine große Unvorsichtigkeit, die sich furchtbar rächte. Hudson und der Führer Croz kannten ihn von frühern Bergbesteigungen her und wußten, daß es ihm an der nöthigen Vorübung, wie an Nervenstärke und Geistesgegenwart fehle. Außer Croz gingen die beiden Taugwalder, Vater und Sohn, als Führer mit. Die Gesellschaft stieg von Zermatt auf, wendete sich erst nordöstlich, bis sie zu dem Theil des obersten Kegels gelangte, der von Zermatt gesehen überzuhängen scheint, umging dann den Fels in horizontaler Richtung gegen rechts, stieg den Grat hinauf, der sich gegen Zermatt niedersenkt, und wendete sich dann zum nordwestlichen Absturz, wo nun der gefährlichste Theil der Aufgabe zu lösen war, die Ueberwindung der dreihundert Fuß hohen, zum Theil mit Eis bedeckten Spitze.

Der Gipfel wurde glücklich erstiegen, der Ruhm war gewonnen, das Matterhorn zum ersten Mal betreten zu haben. Man blieb eine Stunde lang auf dem Gipfel und während dieser Zeit besprachen sich Whymper und Hudson, die geübtesten Bergsteiger der Gesellschaft, in welcher Reihenfolge der Rückweg gemacht werden solle. Sie verabredeten, daß Croz, der stärkste von allen, vorangehen, der unbeholfene Hadow ihm folgen, Hudson die dritte, Lord Douglas die vierte Stelle einnehmen und hinter ihnen Taugwalder der Vater, Whymper und der jüngere Taugwalder sich anschließen sollten. Whymper beantragte bei der Berathung noch, daß am schlimmsten Punkte eines von den drei mitgenommenen Seilen um einen Felsen geschlungen werden solle, um ein weiteres Schutzmittel darzubieten. Hudson unterließ diese Vorsicht aber, und Whymper, der zurückgeblieben war, während die Andern sich auf den Weg machten, weil er noch den Gipfel skizzirte und einen Zettel mit den Namen der Reisenden in eine Flasche verschloß, bemerkte diese Unterlassung erst, als es zu spät war. Er erreichte die Uebrigen, als sie die gefährliche Stelle hinunterzusteigen begannen, und ließ sich an der für ihn bestimmten Stelle ans Seil binden.

Man ging mit der größten Vorsicht. Immer nur Einer bewegte sich, und erst, wenn er festen Fuß gefaßt hatte, that sein Hintermann einen Schritt vorwärts. Die Entfernung zwischen den Einzelnen betrug etwa zwanzig Fuß, doch nach einer Viertelstunde bat Lord Douglas seinen Landsmann Whymper, dicht hinter dem alten Taugwalder das Seil zu fassen, da jener allein, wenn er einen Fehltritt thue, ihn nicht werde halten können. Whymper erfüllte die Bitte und rettete dadurch sich und den beiden Taugwalder das Leben. Zehn Minuten später legte Croz seine Art bei Seite, faßte Hadow bei den Beinen und gab den Füßen desselben einem nach dem andern die richtige Stellung. Croz hatte sich aufgerichtet und wollte weiter gehen, als Hadow ausglitt, auf ihn fiel und ihn niederwarf. Croz schrie jäh auf, als er und Hadow niederwärts stürzten, und im nächsten Augenblick verlor Hudson seinen Halt und Lord Douglas flog ihm sofort nach. Taugwalder und Whymper stemmten sich fest gegen den Boden, als sie den armen Croz aufschreien hörten, und da das Seil zwischen ihnen straff war, so traf sie der Ruck wie einen einzigen Mann. Zwischen Lord Douglas und Taugwalder war das Seil aber schlaff gewesen und riß deshalb. Zwei oder drei Sekunden sahen die drei Geretteten ihre vier unglücklichen Gefährten auf dem Rücken herunterrutschen und ihre Hände ausbreiten, um irgendwo einen Halt zu gewinnen. Dann verschwanden sie einer nach dem andern und stürzten von Vorsprung zu Vorsprung, bis sie 4000 Fuß tiefer unten auf dem Matterhorn-Gletscher aufschlugen. Eine halbe Stunde lang blieben die drei Andern auf demselben Fleck stehen, ohne einen Schritt zu thun. Als sie zu einer sichern Stelle gelangt waren, ließ Whymper sich das zerrissene Seil zeigen und fand zu seinem Staunen, daß es das schwächste von allen war.

Am 28. August bestiegen zwei Erlanger Studirende den großen Venediger. Beim Herabsteigen ging der Führer voran, ihm folgte zunächst Student Hinsch (aus Untersee in Holstein). Auf einem Gletscher unweit des Gipfels gelangte der Führer glücklich über eine überfrorene Gletscherspalte; unter dem unglücklichen Hinsch aber brach das Eis; derselbe glitt, ohne sich erheblich zu verletzen, in die enge, etwas schräg sich senkende Spalte 100 Fuß tief hinab und blieb dort mit Brust und Rücken eingeklemmt. Er rief um Hülfe herauf und meldete, daß er die Arme noch frei habe. Der Führer aber (Nußbaumer aus Neukirchen) hatte nicht nur die Vorsicht versäumt, sich und seinem Pflegbefohlenen ein Seil um den Leib zu schlingen, sondern überhaupt nicht einmal ein Seil mitgenommen. Man kündigte dem Unglücklichen an, man müsse erst ein Seil holen, es könne das acht Stunden dauern. „So lange halte ich es nicht aus," rief er; „grüßt meine Eltern!" Sein Freund mit dem Führer stieg zu einer Sennhütte hinab; auch da war kein Seil zu finden; sie mußten nach Neukirchen, wo sie um 8 Uhr Abends, sieben Stunden nach dem Unglücksfall, anlangten. Der Führer Nußbaumer weigerte sich, wieder hinaufzusteigen. Der Freund des Verunglückten stieg mit fünf anderen Männern sofort in der Nacht wieder bis zur Sennhütte, und langte den andern Morgen um 8 Uhr an der Spalte an. Einer der Männer ließ sich 50 Fuß tief in dieselbe hinab, tiefer zu dringen erlaubte die Verengerung der Spalte nicht. Weitere 50 Fuß tief sah er die Leiche des Jünglings eingeklemmt, den Kopf auf die Seite geneigt. Er war erfroren oder in Folge der Einklemmung erstickt.

Wir schließen diese Uebersicht mit den Worten, die Whymper in furchtbarer Erinnerung des Erlebten geschrieben hat: „Ein einziges Ausgleiten oder ein einziger Fehltritt kann die alleinige Ursache eines schrecklichen Unglücks werden und Jammer verursachen, der nie vergessen werden kann."

Der neue Generalsekretär der Schillerstiftung. Nachdem Gutzkows schwere Krankheit ausgebrochen, wurde das erledigte Generalsekretariat dem Dichter Otto Roquette in Berlin angeboten, welcher sich jedoch nur für den Fall, daß Weimar Vorort der Stiftung bliebe, zur Uebernahme bereit erklärte. Seitdem ist Wien der neue Vorort geworden und der dortige Verwaltungsrath (Halm u. A.) hat denn jetzt auch die Wahl eines neuen Generalsekretärs getroffen: sie ist auf den dort lebenden jungen Dichter Hans Hopfen aus München gefallen, einen aus der Geibel'schen Schule hervorgegangenen Lyriker, Verfasser des Romans „Peregretta" und Bearbeiter eines frivolen französischen Stücks: „Mutterglück" für das Burgtheater. Die Protection scheint hier wohl eine Rolle mitgespielt zu haben.

An die Leser der Monatshefte.

Anderweitige Berufsgeschäfte verhindern den Unterzeichneten, von Neujahr an viel von seiner Zeit und Aufmerksamkeit der Herausgabe der Monatshefte zu widmen. Um das mit so vielem Erfolg begonnene Unternehmen nicht in's Stocken gerathen zu lassen, war es nothwendig, permanente Arrangements zu treffen, wodurch das ungestörte Forterscheinen der Zeitschrift gesichert werde. Ich glaube nicht, daß ich die Monatshefte in bessere Hände übergeben konnte, als in die des Veteranen der deutschen Presse in Amerika, des Herrn Rudolf Lexow, Herausgebers des „Belletristischen Journal" (Criminalzeitung), an welchen, vom 1. Januar ab, der Verlag übergeht.

Eine langjährige Erfahrung, ein gebildeter Geschmack, die ausgedehntesten literarischen Verbindungen in beiden Hemisphären, befähigen vor Allen Herrn Lexow, die Monatshefte fortzuführen, und die Mängel, welche denselben bisher noch anklebten, zu beseitigen. Der Unterzeichnete ist sich wohl bewußt, daß er nicht allen Anforderungen entsprechen konnte, allein die beifällige Aufnahme, welche die Zeitschrift allerwärts gefunden und der Erfolg, der schon in den ersten zwei Jahren das Unternehmen krönte, belohnen ihn hinlänglich für die Mühe und Arbeit, welche er demselben widmete und geben ihm die Versicherung, daß unter der Leitung des neuen Herausgebers die Monatshefte noch immer mehr prosperiren und bald Alles das in der Wirklichkeit leisten werden, was der bisherige Herausgeber großentheils vielleicht nur anstreben konnte.

Indem ich hiermit als Herausgeber von den Lesern Abschied nehme und ihnen für die rege dem Unternehmen bewiesene Theilnahme danke, gebe ich die Versicherung, daß ich auch ferner durch Beiträge für die Zeitschrift thätig bleiben werde.

Es würde eine Pflichtversäumniß meinerseits sein, wollte ich hier nicht meinen tiefgefühlten Dank den Mitarbeitern zollen, welche mir so treu zur Seite standen und deren Beiträgen die Monatshefte die Stellung verdanken, welche dieselben in der deutsch-amerikanischen Literatur einnehmen. Ich spreche die Hoffnung aus, daß sie sich auch ferner als Mitarbeiter an der Zeitschrift, welche von Herrn Lexow ganz im Sinne ihrer Gründer fortgeführt werden wird, betrachten werden. Von den Meisten habe ich bereits die Zusicherung erhalten. Einem der treuesten Freunde der Monatshefte, meinem Jugendfreunde Wilhelm Aufermann in New-York, durch dessen uneigennützige Vermittlung das oben erwähnte Arrangement zu Stande kam, kann ich nicht umhin, noch speziell meinen Dank auszusprechen.

Für alle im Voraus bezahlten Abonnements wird Herr Lexow die Exemplare weiter liefern; ebenso wird der neue Herausgeber alle im Voraus bezahlten Anzeigen, bis dieselben abgelaufen sind, weiter publiziren.

Chicago, im November 1865.

Caspar Butz.

Inhalt des zweiten Bandes.

―1865.―

Juliheft.

	Seite
Aaron Burr. Eine Vorlesung. Vom Herausgeber	3
Ueber das Essen und die Speisen. Von Dr. Carl Rösch. (Schluß.)	26
Die Lebens-Erfahrungen John Godfrey's. Von Bayard Taylor	40
Swedenborg. Spiritualistischer Beitrag von Karl Knortz	71
Gedichte von Marie Westland	79
Das Schlachtfeld. Von Wm. C. Bryant. Uebersetzt von Niclas Müller	84
Weinlied. Von Fr. Münch	86
Schleswig-Holstein's Dank	88
Miscellen	90

Augustheft.

Semana Santa in Madrid. (1864.) Von ***	97
Wetzlar, Goethe und Werther. Von Karl Knortz	106
Ueber Volks-Wirthschaft. Von Karl Rümelin	123
Die Lebens-Erfahrungen John Godfrey's. Von Bayard Taylor	137
Benito Juarez, const. Präsident der Republik Mexiko. Von G. Frauenstein	155
Literatur. Geschichte des Julius Cäsar von Napoleon III. Von ***	173
Die Deutschen in Nord-Amerika ꝛc. Vom Herausgeber	179
Rede zum Schluß des neunten deutschen Sängerfestes. Von Fr. Kapp	182
Prolog zur 50jährigen Jubelfeier der Schlacht bei Belle Alliance. Von E. Rittershaus	188
Näheres über „Tristan und Isolde," von R. Wagner	191

Septemberheft.

Die Willensfreiheit. Freigemeindlicher Vortrag von A. Douai	193
Politisch-literarisch-artistischer Monatsbericht aus Deutschland. Von J	202
Die Lebens-Erfahrungen John Godfrey's. Von Bayard Taylor	210
Ueber Volkswirthschaft. Von Carl Rümelin	239
Ein Votum über die Negerstimmrechts-Frage. Von J. B. Stallo	258
Atalissa. Indianische Legende. Von A. E. Kröger	272
Vierzeilen von Victor Precht	276
Literatur. Von Friedrich Münch	278
Miscellen	280

Octoberheft.

	Seite
Zur Vergleichung der teutschen und der englischen Sprache. Von O. Seidensticker	289
Die Schule, wie sie war, wie sie ist und wie sie sein soll. Von Karl Knortz	303
Die Lebens-Erfahrungen John Godfrey's. Von Bayard Taylor	317
Literatur-Briefe aus Deutschland. Von Lina Bagt	354
Franz Schubert. Von A. E. Kröger	365
Der Spiritualismus und die Deutschen. Von Dr. B. Cyriax	376
Kurze Bemerkungen über Willensfreiheit. Von Friedrich Münch	379
Bei Lincoln's Tod. Von Dr. Rossbach	382
Miscellen	383

Novemberheft.

William Hickling Prescott. Von Karl Knortz	385
Die Lebens Erfahrungen John Godfrey's. Von Bayard Taylor	401
Die spirituellen Manifestationen. Von Dr. B. Cyriax	438
Andersonville. Vom Herausgeber	444
Zwei Gedichte von James Clarence Mangan. Deutsch von C. Th. Eben	448
Der „poetische" Spiritualismus. Vom Herausgeber	453
Festrede am 13. Gesangfeste des „Ersten deutschen Sängerbundes von Nord-Amerika," in Columbus, O., von Dr. J. G. Eberhard	458
Weinlese in Missouri. Vom Herausgeber	464
Georg Hillgärtner †. Vom Herausgeber	469
Englands Parteien und Politiker	472
Miscellen	478

Decemberheft.

Geschichte, Wesen und Literatur der Stenographie. Von Karl Knortz	481
Die Lebens-Erfahrungen John Godfrey's. Von Bayard Taylor (Schluß)	494
Deutsche Literatur der Gegenwart. Von Lina Bagt	528
Aus Thomas Moore's Gesängen. Uebersetzt von Gustav Fox	542
Reise und Geschichtsbilder aus Irland	545
Weinlese in Missouri. Vom Herausgeber. (Schluß.)	566
Miscellen	569
An die Leser der Monatshefte	574

www.ingramcontent.com/pod-product-compliance
Lightning Source LLC
Chambersburg PA
CBHW020901160426
43192CB00007B/1025